AN INTEGRATED APPROACH TO
INTERMEDIATE
JAPANESE

[Revised Edition]

Akira Miura &
Naomi Hanaoka McGloin

中級の日本語
［改訂版］

ワークブック

WORKBOOK

The Japan Times

First edition: August 2008
15th printing: September 2015

Illustrations: Seiji Okada and Shizuo Okuda
Layout and Cover art: Hiroshi Ueda + Zebra
Typesetting: Soju, Co., Ltd.

Published by The Japan Times, Ltd.
5-4, Shibaura 4-chome, Minato-ku, Tokyo 108-0023, Japan
Tel: 03-3453-2013
http://bookclub.japantimes.co.jp/
http://ij.japantimes.co.jp/

ISBN978-4-7890-1308-6

Printed in Japan

このワークブックについて

∨
∨
∨

『An Integrated Approach to Intermediate Japanese（中級の日本語）』改訂にあたり、教室での学習を補うために、このワークブックを別冊として設けることにした。ワークブックは、**文法練習**、読み物に関する**内容質問**、そして**漢字シート**から成り立っている。

文法練習は、各課の「文法ノート」の項目のうち、特に練習させたいものを中心としている。絵を見て文を作る練習、会話を完成させる練習、質問に答える練習などがあるが、どれもなるべく単文ではなくミニ会話という形をとり、コンテキストを与えるように努めた。各課の文法項目は、全部を一度に教えるのではなく、授業でカバーした本文の範囲に出てきたものから順番に、教室で導入し、口頭練習させた後、ワークブックの練習問題を宿題として課し、提出させるのがいいだろう。

内容質問は、「読み物」の内容理解を確認するためのものである。各課の読み物を授業でカバーした後、宿題として課し、提出させるとよい。第7課までの内容質問は「です・ます体」で、第8課からは「である体」か「だ体」を使って書かせるようにしてあるので、スタイルが整っているかどうかも確認してほしい。

漢字シートは、各課の「書くのを覚える漢字」の練習を目的としている。各課につき平均3～4ページの漢字シートがある。漢字シートは、その課で新出の「書くのを覚える漢字」について、その漢字の読み方、筆順、書く練習をする欄、そして、その漢字を使った熟語の欄から成っている。このシートは辞書ではないので、漢字の読みと熟語は、その課、およびそれ以前の課で学習したものだけを載せている。なお、漢字の読み方に関しては、連濁や促音便の読み方を＊のマークで、常用漢字以外の読み方を△で示した。

漢字シートは、宿題として出し、学生に漢字と熟語の読み方を書かせて、提出させる。なお漢字シートは、「中級の日本語オンライン」（http://ij.japantimes.co.jp/）からダウンロードすることもできるので、都合によってはそれで提出させることも可能である。

テキスト改訂版と合わせて、このワークブックを大いに活用していただければ幸いである。

著　者

漢字シート ·· 103

WORKBOOK

文法練習
読み物 内容質問

---

1 >>>>>　　**Vばかり**　　　　　　　　　　　　　　　　>>>>>[文法ノート1]

● 「V(plain past)ばかり」を使って次の会話を完成 (to complete) させなさい。

[例] 日本人：漢字がたくさん読めますか。

アメリカ人：いいえ、去年始めたばかりですから、まだ少しだけです。

1) A：ケーキでもどうですか。

　B：ええ、でも、今＿＿＿＿＿＿＿＿＿＿＿＿＿＿＿で、おなかがいっぱいなので。

2) 先　生：この漢字は読めるでしょう。

　学　生：はい、きのう＿＿＿＿＿＿＿＿＿＿＿＿＿＿＿ですから。

3) (学生も先生もアメリカにいる。)

　学　生：アメリカへはいついらっしゃったんですか。

　先　生：先週＿＿＿＿＿＿＿＿＿＿＿＿＿＿＿なんです。

4) 田　中：日本語の勉強はどうですか。忙しいですか。

　スミス：そうですね。学期が＿＿＿＿＿＿＿＿＿＿＿＿＿ばかりなので、

　　　　　まだあまり忙しくありません。

5) A：ねむそうですね。

　B：ええ、＿＿＿＿＿＿＿＿＿＿＿＿＿なんですよ。

---

2 >>>>>　　**あの／その**　　　　　　　　　　　　　>>>>>[文法ノート2]

A● 正しい方に○をつけなさい。

1) A：最近 (recently) 何か映画を見ましたか。

　B：ええ、「羅生門」という映画を見ました。

　A：「羅生門」なら、私も見たことがあります。（　あれ　・　それ　）は、いい映

　　　画ですね。

---

2)　A：アメリカはどこからですか。

　　B：グリーンベイという町です。

　　A：グリーンベイ？（　あの・その　）町はどこにあるんですか。

B○「あの」か「その」を（　　）に入れて、会話を完成させなさい。

1)　A：きのうとてもおいしいレストランへ行ったんだけど。

　　B：へえ。（　　　　　）レストラン、何料理のお店？

　　A：イタリア料理。ステートストリートの映画館の隣にある。

　　B：ああ、（　　　　　）レストランなら、私も行ったことある。（　　　　　）

　　　　レストランは、おいしくて安くて、いつもこんでるね。

2)　ゆ み：キャロル・スミスという人、知ってる？去年日本語のクラスでアンと

　　　　　　いっしょだったと言っていたけど。

　　ア ン：うん。（　　　　　）人、今何してるの？

　　ゆ み：東京の「ファンタジー」という会社で仕事してる。

　　ア ン：（　　　　　）会社、何の会社？

　　ゆ み：私もよく知らないんだけど、コンピューターの会社みたい。

3 >>>>>　**Vようになる**　　　　　>>>>> [文法ノート3]

A○「V（potential）ようになります」を使って、文を完成させなさい。

[例] ひらがなはやさしいから、すぐ書けるようになります。

1)　日本語を一年勉強すれば、漢字が少し＿＿＿＿＿＿＿＿＿＿＿。

2)　日本に留学すれば、日本料理が＿＿＿＿＿＿＿＿＿＿＿。

3)　21歳になると、バー（bar）に＿＿＿＿＿＿＿＿＿＿＿。

4)　アメリカでは、16歳になると、車が＿＿＿＿＿＿＿＿＿＿＿。

5)　日本語のワープロソフトは使いやすいから、すぐ＿＿＿＿＿＿＿＿＿＿＿。

B ○ Make three sentences about what you were unable to do before but are able to do now, using ようになりました, as in the example.

[例] 前には日本語が話せませんでしたが、このごろ<u>話せるようになりました</u>。

1)

2)

3)

---

4 >>>>>　　　**～なあ**　　　　　　　　　　>>>>> [文法ノート4]

○例にならって、質問に答えなさい。

[例] A：何か食べたいものがありますか。

　　 B：ええ、<u>おすしが食べたいなあ</u>と思います。

1)　A：どこか一度行ってみたいところがありますか。

　　 B：_____

2)　A：だれか一度会ってみたい人がいますか。

　　 B：_____

3)　A：一度やってみたいことがありますか。

　　 B：_____

5 >>>>> Vところ　　　　　　　　　　　　　　　　　　　>>>>> [文法ノート5]

◯ 適当な方に○をつけなさい。

1) 田　中：電話は、もうかけましたか。

　　スミス：あ、すみません。今（　かける ・ かけた　）ところです。

2) 田　中：ちょっと、コンピューター、使ってもいいですか。

　　スミス：あ、すみません、今（　使う ・ 使っている　）ところだから、もう少し待ってくれませんか。

3) 田　中：お昼でも、どうですか。

　　スミス：あ、ざんねん。今（　食べる ・ 食べた　）ところなんです。

6 >>>>> Vことになっている／Vことになった　　　　　　>>>>> [文法ノート6]

A ◯ 次の絵を見て、「Vことになっている」を使って、文を完成させなさい。

1) 映画館の中では、_____。

2) 教室では、_____。

3) 日本では、家に上がる時_____。

4) アメリカでは、クリスマスに_____。

5) 日本語の学生は、毎日_____。

B⊖「Vことになっている」を使って、次の会話を完成させなさい。

1)　先　生：あした二時に私の部屋へ来てください。

　　　学　生：すみませんが、あしたの午後は、田中先生に＿＿＿＿＿＿＿＿＿＿＿

　　　　　　　＿＿＿＿＿＿＿＿＿＿＿＿んですが。

　　　先　生：じゃ、あさってでもいいですよ。

2)　先　生：スミスさんは来年どうするんですか。

　　　スミス：日本で英語を＿＿＿＿＿＿＿＿＿＿＿＿＿＿＿＿＿＿＿。

　　　先　生：そうですか。それはいいですね。

C⊖「Vことになりました」を使って、次の会話を完成させなさい。

1)　田　中：来年の三月に＿＿＿＿＿＿＿＿＿＿＿＿＿＿＿＿＿＿＿。

　　　山　田：そうですか。それはおめでとうございます。

2)　先　生：ホワイトさん、奨学金 (scholarship) がもらえたんですってね。

　　　ホワイト：はい、おかげさまで。それで、来年の四月から東京大学で＿＿＿＿＿

　　　　　　　＿＿＿＿＿＿＿＿＿＿＿＿＿。

　　　先　生：それは、よかったですね。

| **7** >>>> | **Vにくい／Vやすい** | >>>>> [文法ノート8] |

⊖「Vにくい」か「Vやすい」を使って、次の文を完成させなさい。

[例]　・きれいな字は読みやすい。

　　　・あまり字の小さい辞書は使いにくい。

1)　あまり大きい車は＿＿＿＿＿＿＿＿＿＿＿＿＿＿＿＿＿。

2)　漢字がたくさん使ってある本は＿＿＿＿＿＿＿＿＿＿＿＿＿＿＿。

3)　やさしい漢字は＿＿＿＿＿＿＿＿＿＿＿＿＿＿。

4)　病気に＿＿＿＿＿＿＿＿＿人は、たくさん寝た方がいいです。

5)　あまり熱いピザは＿＿＿＿＿＿＿＿＿＿＿＿＿＿＿＿。

8 >>>>>　　　Ｖことにする　　　　　　　　　　>>>>> [文法ノート9]

A⊖ 「Ｖことにしました」を使って、次の会話を完成させなさい。

1)　先　　生：スミスさんは来年日本へ留学（りゅうがく）するんですか。

　　　スミス：いいえ、＿＿＿＿＿＿＿＿＿＿＿＿＿＿＿＿＿＿＿＿＿。

　　　先　　生：どうしてですか。

　　　スミス：お金がないんです。

　　　先　　生：それは、ざんねんですね。

2)　先　　生：ブラックさん、今度の冬休（ふゆ）みはどうするんですか。

　　　ブラック：友達（ともだち）といっしょに＿＿＿＿＿＿＿＿＿＿＿＿＿＿＿。

　　　先　　生：それはおもしろそうですね。

3)　先　　生：みなさん、今学期（こんがっき）もがんばってくださいね。

　　　クーパー：はい。私は、毎日＿＿＿＿＿＿＿＿＿＿＿＿＿＿＿＿。

　　　ブラウン：私は、なるべく＿＿＿＿＿＿＿＿＿＿＿＿＿＿＿＿＿。

B⊖ 次の質問に答えなさい。

[例] 質問：日本語を専攻（せんこう）することにしたのはなぜですか。

　　　答え：日本文化に興味（きょうみ）があるからです。

1)　今あなたの行っている大学に入ることにしたのはなぜですか。

2)　今住んでいるところに住むことにしたのはなぜですか。

3)　（あなたの専攻）を専攻することにしたのはなぜですか。

4)　日本語を勉強することにしたのはなぜですか。

---

9 >>>>> 　**こと／よう**　　　　　　　　　　　　>>>>> ［文法ノート3・6・9］

●正しい方に○をつけなさい。

1) 毎日練習したから、漢字が書ける（　よう・こと　）になりました。

2) 建物の中では、たばこはすわない（　よう・こと　）に（　なります・
なっています　）。

3) 日本に留学したので、日本語だけで話せる（　よう・こと　）になりました。

4) 日本語のクラスでは日本語だけで話す（　よう・こと　）になっているらしい
ので、私も英語を話さない（　よう・こと　）に（　しました・なりました　）。

5) A：卒業したあとどうするんですか。

B：東京のソニーのオフィスで働く（　よう・こと　）に（　しています・
なっています　）。

✂

---

10 >>>>> 　**たら**　　　　　　　　　　　　　　>>>>> ［文法ノート10］

●絵を見て、文を完成させなさい。

［例］アイスクリームを食べる

　　→アイスクリームを食べたら、おなかが痛くなりました。

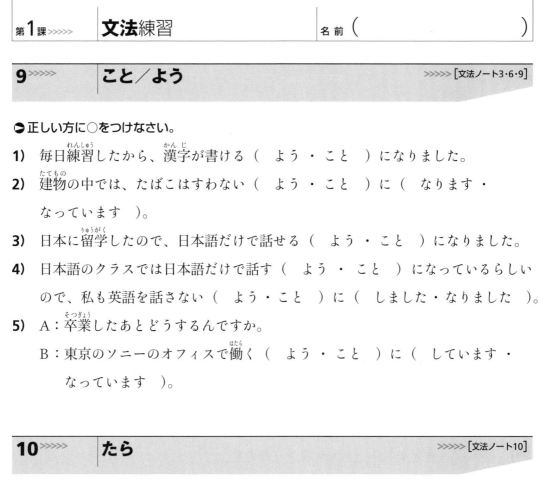

1) 外へ出る

　　→

2) 家へ帰る

　→

3) 友達に電話をかける

　→

4) 窓をあける

　→

11 >>>>>　とても～ない　　　　　　　　　　　>>>>>［文法ノート11］

○ 絵を見て、文を作りなさい。

［例］一度にケーキを全部は、とても食べられません。

［例］	1)	2)	3)	4)

1)　一日に＿＿＿＿＿＿＿＿＿＿＿＿＿＿＿＿＿＿＿＿＿＿＿＿＿＿

2)　一度に＿＿＿＿＿＿＿＿＿＿＿＿＿＿＿＿＿＿＿＿＿＿＿＿＿＿

3)　＿＿＿＿＿＿＿＿＿＿＿＿＿＿＿＿＿＿＿＿＿＿＿＿＿＿＿＿＿

4)　一日で＿＿＿＿＿＿＿＿＿＿＿＿＿＿＿＿＿＿＿＿＿＿＿＿＿＿

12 >>>>> | ～方
かた
>>>>> [文法ノート12]

● 絵を見て、例にならって自分について文を作りなさい。

[例] おはしの持ち方がわかります／わかりません。

1) _____

2) _____

3) _____

4) _____

5) _____

13 >>>>> | ～らしい
>>>>> [文法ノート13]

A ● 次の会話を完成させなさい。

1) 先　生：ミラーさんは授業（class）に来ていませんね。どうしたんでしょう。

スミス：ミラーさんは_____らしいです。

先　生：そうですか。それは、いけませんね。

2) 山　田：ブラウンさん、来年三年の日本語のコースを取るんですか。

ブラウン：ええ、でもあのコースは_____らしいんです。

山　田：ブラウンさんなら、だいじょうぶですよ。がんばってください。

3) 川　村：ジョーンズさんという学生は、日本語が上手ですね。

　　加　藤：ええ、日本に＿＿＿＿＿＿＿＿＿＿＿＿＿＿＿＿＿らしいんですよ。

　　川　村：なるほどねえ。

B◯次の質問に「らしい」を使って答えなさい。

1) 東京はどんな所でしょうか。

2) あしたはどんな天気でしょうか。

3) 何かおもしろい映画を知っていますか。

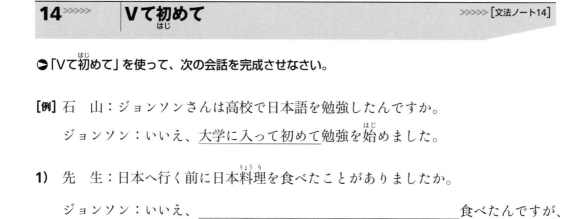

| 14 >>>>> | Vて初めて | >>>>> [文法ノート14] |

◯「Vて初めて」を使って、次の会話を完成させなさい。

[例] 石　山：ジョンソンさんは高校で日本語を勉強したんですか。

　　ジョンソン：いいえ、<u>大学に入って初めて</u>勉強を始めました。

1) 先　生：日本へ行く前に日本料理を食べたことがありましたか。

　　ジョンソン：いいえ、＿＿＿＿＿＿＿＿＿＿＿＿＿＿＿＿食べたんですが、

　　　　　　　今は大好きです。

2) スミス：黒沢の「羅生門」という映画を見たことがありますか。

　　山　口：ええ、でも日本で見たんじゃなくて、アメリカに＿＿＿＿＿＿＿＿＿

　　　　　　＿＿＿＿＿＿＿＿＿＿見たんです。

3) A：先生の説明 (explanation) はよく聞いた方がいいですね。

　　B：そうですね。＿＿＿＿＿＿＿＿＿＿＿＿＿＿＿＿＿＿わかることがよくあ

　　　　りますからね。

●「日本人留学生青山弘の日記」を読んで、次(つぎ)の質問(しつもん)に答(こた)えなさい。

1. 青山さんは八月二十六日に日本を出て、何月何日にアメリカに着きましたか。
なぜですか。

2. 青山さんはルーカスさんを「トム」と呼ぶでしょうか。どうしてですか。

3. あなただったら、ルーカスさんを何と呼びますか。どうしてですか。

4. ルーカスさんは、青山さんにどんなことをしてくれましたか。
(Write more than two things.)

5. 青山さんは、どこに住むことにしましたか。どうしてですか。

6. あなたは、どこに住んでいますか。どうしてですか。

7. 日本人は「私には美しい娘がいます」と言えない、と書いてありますが、言えないのはなぜでしょうか。

1 >>>>>　　**〜ないで**　　　　　　　　　　　　　　>>>>> ［文法ノート1］

🔄「〜ないで」を使って、次の文を完成させなさい。そして、without 〜ing の意味なら(a)、instead of の意味なら(b)を、（　　　）の中に入れなさい。

1) きのうは授業のあと家に＿＿＿＿＿＿＿＿＿＿＿映画を見に行った。（　　）

2) ＿＿＿＿＿＿＿＿＿＿＿授業に来るのはよくない。　　　　　　　　（　　）

3) 辞書を＿＿＿＿＿＿＿＿＿日本語の新聞が読めるようになりたい。　（　　）

4) 高校を卒業してから＿＿＿＿＿＿＿＿＿＿仕事をする人も多い。　（　　）

2 >>>>>　　**Vばいいのに**　　　　　　　　　　　　>>>>> ［文法ノート2］

🔄「Vばいいのに」を使って、友達にアドバイスをしなさい。

1) 学生A：試験の点が悪くて……。

　　　学生B：＿＿＿＿＿＿＿＿＿＿＿＿＿＿＿＿＿＿＿＿＿＿＿＿＿＿

2) 学生A：お金がなくて、困ってるんだ。

　　　学生B：＿＿＿＿＿＿＿＿＿＿＿＿＿＿＿＿＿＿＿＿＿＿＿＿＿＿

3) 学生A：このごろ太っちゃって……。

　　　学生B：＿＿＿＿＿＿＿＿＿＿＿＿＿＿＿＿＿＿＿＿＿＿＿＿＿＿

3 >>>>>　　**それに**　　　　　　　　　　　　　　>>>>> ［文法ノート3］

A 🔄「それに」を使って、次の質問に答えなさい。

[例] 学　生：京都はどんな所ですか。

　　　先　生：古いお寺があるし、それに工場（factory）がないので、とてもしずかな町です。

1) 先　生：日本語の勉強はどうですか。

　　　学　生：＿＿＿＿＿＿＿＿＿＿＿＿＿＿＿＿＿＿＿＿＿＿＿＿＿＿＿＿

15

2）先　生：あなたの住んでいる町はどんな町ですか。

　　学　生：＿＿＿＿＿＿＿＿＿＿＿＿＿＿＿＿＿＿＿＿＿＿＿＿＿＿＿

3）先　生：このごろどうですか。忙しいですか。

　　学　生：＿＿＿＿＿＿＿＿＿＿＿＿＿＿＿＿＿＿＿＿＿＿＿＿＿＿＿

4）先　生：あなたのアパート（寮）は、どんなアパート（寮）ですか。

　　学　生：＿＿＿＿＿＿＿＿＿＿＿＿＿＿＿＿＿＿＿＿＿＿＿＿＿＿＿

B⊖「それに」「そして」「それから」「それで」の中から一番いいものを選んで（　　　）に入れなさい。

1）日本語はおもしろいです。（　　　　　　　　　）役に立ちます。

2）きのう風邪をひきました。（　　　　　　　　　）今日学校を休んだんです。

3）きのうは授業のあと喫茶店へ行きました。（　　　　　　　　　）二時間ぐらい

　友達と話をしました。

4）私は去年五月に卒業しましたが、（　　　　　　　　　）ずっと仕事を探してい

　ます。

5）A：夏休みはどうでしたか。

　　B：とてもおもしろかったです。まず日本へ行きました。（　　　　　　　　　）

　　　いろいろな所へ行きました。京都は私の一番好きな所です。

---

4 >>>>> 　　**なかなか～ない**　　　　　　　　　　　　　>>>>> ［文法ノート4］

⊖次の文を完成させなさい。

1）漢字がなかなか＿＿＿＿＿＿＿＿＿＿くて、困っています。

2）宿題がなかなか＿＿＿＿＿＿＿＿＿＿くて、困っています。

3）急いでいるのに、バスがなかなか＿＿＿＿＿＿＿＿＿＿くて、困りました。

4）時差ボケで、夜なかなか＿＿＿＿＿＿＿＿＿＿くて、困りました。

5）たばこはよくないと分かっていても、なかなか＿＿＿＿＿＿＿＿＿＿くて、

　困っている人が多いです。

5 >>>>> **Question word＋〜か分からない** >>>>> ［文法ノート5］

● 「かどうか」か「Question word＋〜か」を使って、次の質問に答えなさい。

1) 今日一ドルは何円ですか。

2) あさって雨が降るでしょうか。

3) 二年の日本語のコースでは、漢字をいくつ習いますか。

4) 日本から中国までいくらぐらいかかりますか。

5) 今年の冬は寒いでしょうか。

6) 松本清張というのは、だれですか。

7) 次の試験は難しいでしょうか。

8) （あなたの）日本語の先生は日本料理が上手でしょうか。

9) あしたはいい天気でしょうか。

10) 来年のクリスマスは、何曜日でしょうか。

6 >>>>> しか〜ない　　　　　　　　　　>>>>> [文法ノート6]

● 「Number＋counter しか〜ない」を使って、次の会話を完成させなさい。A specific number to be used and the form of a predicate are given in the parenthesis.

[例] A：パーティーには日本人も来ていたの？

B：うん、でも、<u>一人しか来ていなかった</u>。(one person – plain)

1) 学生A：ちょっと日本語の辞書貸してくれない？

学生B：うん。でも、＿＿＿＿＿＿＿＿＿＿＿＿＿＿＿＿＿んだけど。

(one volume – plain)

学生A：あ、それならいい。だれかほかの人に借りるから。

2) 田　中：ニューヨークには、日本のレストランがたくさんありますが、山下さんの住んでいる町はどうですか。

山　下：＿＿＿＿＿＿＿＿＿＿＿＿＿＿＿＿＿＿。(three restaurants – polite)

田　中：へえ、少ないんですね。

3) 先　生：今度の試験は、あまりよくできませんでしたね。勉強はしましたか。

学　生：ええ、でも、試験の前の日は、＿＿＿＿＿＿＿＿＿＿＿＿＿＿。

(two hours – polite)

先　生：じゃ、もっと勉強した方がいいですね。

学　生：はい。

4) 先　生：今日は眠そうですね。

学　生：ええ、ゆうべは、＿＿＿＿＿＿＿＿＿＿＿＿＿＿＿＿んです。

(five hours – plain)

先　生：そうですか。一日に八時間ぐらいは寝た方がいいですよ。

5) 学生A（男）：今晩、日本料理を食べに行かない？

学生B（男）：行きたいけど、今、お金が＿＿＿＿＿＿＿＿＿＿＿＿＿んだ。

(five dollars – plain)

学生A：じゃ、僕がおごる (treat) から。

学生B：そうか。すまないなあ。

7 >>>>> つまり　　　　　　　　　　　　　　>>>>> [文法ノート7]

🌀 次の文を完成させなさい。

1) 先　生：日本語のクラスは毎日漢字(かんじ)クイズがあるし、宿題も多いんですよ。

　　　学　生：つまり＿＿＿＿＿＿＿＿＿＿＿＿＿＿＿＿＿＿＿＿＿ということですね。

2) 田　中：ジーナさんはきれいで、親切(しんせつ) (kind) で、とてもいい人ですね。

　　　山　下：ああ、つまり、田中さんは＿＿＿＿＿＿＿＿＿＿＿＿＿＿＿＿＿ね。

3) 学　生：先生、きのうは頭(あたま)が痛(いた)くて、早く寝(ね)てしまったんです。

　　　先　生：つまり、＿＿＿＿＿＿＿＿＿＿＿＿＿＿＿＿＿＿＿＿＿＿＿ね。

4) A：この町は、しずかだし、きれいだし、物価(ぶっか) (cost of living) も高くありません。

　　　B：つまり、＿＿＿＿＿＿＿＿＿＿＿＿＿＿＿＿＿＿＿ということですね。

8 >>>>> Sentence＋わけです　　　　　　>>>>> [文法ノート8]

🌀 次の会話を完成させなさい。

1) A：どのぐらい勉強しているんですか。

　　　B：たいてい朝(あさ)一時間と夜五時間勉強します。

　　　A：じゃあ、毎日＿＿＿＿＿＿＿＿＿＿＿＿＿＿＿＿＿わけですね。

2) A：ブラウンさんは、生まれたのも育ったのも日本なんですよ。

　　　B：＿＿＿＿＿＿＿＿＿＿＿＿＿＿＿＿＿＿＿＿＿＿＿わけですね。

3) A：きのうマディソンを出たのは何時ごろでしたか。

　　　B：午後一時でした。

　　　A：シカゴに着いたのは？

　　　B：四時ごろでした。

　　　A：じゃあ、マディソンからシカゴまで＿＿＿＿＿＿＿＿＿＿＿＿＿

　　　わけですね。

4)　学　生：研究社の日本語の辞書を買いたいんですが、いくらぐらいするでしょうか。

　　先　生：日本で買えば四十ドルぐらいだと思いますが、アメリカで買うと六十ド

　　　　　　ルぐらいです。

　　学　生：じゃあ、日本で＿＿＿＿＿＿＿＿＿＿＿＿＿＿＿＿＿わけですね。

---

9 >>>>> 　〜によって　　　　　　　　>>>>> [文法ノート9]

●「〜によって」を使って、次の会話を完成させなさい。

1)　先　生：寮の食堂のメニューは、毎日同じですか。

　　学　生：いいえ、＿＿＿＿＿＿＿＿＿＿＿＿＿違います。

2)　A：アメリカ人は、みんな背が高いですか。

　　B：いいえ、＿＿＿＿＿＿＿＿＿＿＿＿＿違います。

3)　アメリカ人：日本の大学の入学試験 (entrance examination) はみんな同じですか。

　　日本人：いいえ、＿＿＿＿＿＿＿＿＿＿＿＿＿違います。

---

10 >>>>> 　〜のようなN　　　　　　　　>>>>> [文法ノート11]

●「〜のような」を使って文を完成させなさい。

1)　私は、＿＿＿＿＿＿＿＿＿＿＿＿＿人と友達になりたいです。

2)　＿＿＿＿＿＿＿＿＿＿＿＿＿料理はあまり好きじゃありません。

3)　私は子供の時、＿＿＿＿＿＿＿＿＿＿＿＿＿人になりたいと思っていました。

● 「日米あいさつ言葉」を読んで、次の質問に答えなさい。

1. 「いかがですか」は、ふつうどんな人に言いますか。

2. 「お元気ですか」は、どんな時に言いますか。

3. 日本人は、人に会った時、ふつう何と言うでしょうか。

4. "Have a nice day!" をいい日本語に訳すことができますか。それはなぜですか。

5. 日本語では "Have a nice day!" の代わりに何と言いますか。

6. 日本語にあって英語にないあいさつ言葉は、例えば何ですか。

(1)

(2)

(3)

(4)

(5)

7. 「お帰りなさい」は、だれがどんな時に言いますか。

8. 日本人は、どんな時「先日はどうも」とあいさつしますか。

1 >>>>> V（causative）ていただけないでしょうか >>>>> [文法ノート2]

A⟳「V(causative)ていただけないでしょうか」を使って、次の会話を完成させなさい。

1) 学　生：先生、今日はちょっと頭が痛いので、早く家へ_____

　　　　　　_____。

　　先　生：それはいけませんね。お大事に。

2) 学　生：先生、来週の金曜日は文部科学省の試験を受けに行かなければならない

　　　　　　ので、学校を_____。

　　先　生：ああ、いいですよ。がんばってくださいね。

3) 学　生：すみません、これは日本語で言えないので、英語で_____

　　　　　　_____。

　　先　生：いいですけど、何でしょう。

4) 先　生：これは、とてもおもしろい論文ですよ。

　　学　生：私にもコピーを_____。

　　先　生：いいですよ。でもあしたまでに返してください。

B⟳「V (causative) ていただけないでしょうか／V (causative) もらえない？／V (causative)
てくれない？」か「Vていただけないでしょうか／Vてもらえない？／Vてくれない？」のどれ
か適当なものを使って、次の会話を完成させなさい。

1)（学生は先生の写真がとりたい。）

　　学　生：_____

　　先　生：あ、いいですよ。

2)（今日出す宿題を家に忘れてきた。）

　　学　生：_____

　　先　生：仕方がありませんねえ。じゃ、あした忘れないでくださいね。

3) 学　生：先生、論文を書いたんですが、_____

　　先　生：はい、いいですよ。今週はちょっと忙しいから、来週中に読んでおきます。

　　学　生：よろしくお願いします。

4)　ゆ　り：ちょっとお金を忘れてきちゃった。＿＿＿＿＿＿＿＿＿＿＿＿＿＿＿＿＿＿

　　　キャロル：私もあんまり持ってないんだけど、いくらぐらい？

5)　（一郎が新しいゲームソフトを持っているので、トムもやってみたい。）

　　　ト　ム：そのゲームおもしろい？

　　　一　郎：すごくおもしろいよ。

　　　ト　ム：僕にも＿＿＿＿＿＿＿＿＿＿＿＿＿＿＿＿＿＿＿＿＿＿＿＿＿＿＿＿＿＿

　　　一　郎：いいよ。

6)　一　郎：ジェイソン、ちょっとテレビがうるさくて勉強できないんだけど、

　　　　　　　＿＿＿＿＿＿＿＿＿＿＿＿＿＿＿＿＿＿＿＿＿＿＿＿＿＿＿＿＿＿＿＿

　　　ジェイソン：あ、ごめん。

---

2 >>>>>	**〜ば〜ほど**	>>>>> [文法ノート4]

❏「〜ば〜ほど」を使って、次の会話を完成させなさい。

[例] A：日本語はおもしろいですねえ。

　　　B：ほんとうですねえ。勉強すればするほどおもしろくなりますね。

1)　A：漢字が多いと読みにくいですねえ。

　　　B：ええ、でも、中国人には＿＿＿＿＿＿＿＿＿＿＿＿＿＿読みやすいんですよ。

2)　A：返事（reply）は、早い方がいいんでしょ。

　　　B：ええ、＿＿＿＿＿＿＿＿＿＿＿＿＿＿＿＿＿＿＿＿いいです。

3)　アメリカ人：日本も冬は寒いんでしょ。

　　　日本人：ええ、北（north）＿＿＿＿＿＿＿＿＿＿＿＿＿＿＿＿＿寒いですよ。

4)　A：このレポートは、ずいぶん時間をかけていますね。

　　　B：ええ、＿＿＿＿＿＿＿＿＿＿＿＿＿＿＿＿＿＿＿＿いいものができますから。

5)　学　生：練習すれば上手になるでしょうか。

　　　先　生：ええ、＿＿＿＿＿＿＿＿＿＿＿＿＿＿＿＿＿＿＿上手になりますよ。

3 >>>> **必ずしも～というわけではない**　>>>>> [文法ノート6]
かなら

● 「必ずしも～というわけではない」を使って、次の質問に答えなさい。
かなら　　　　　　　　　　　　　　　　　　　　　　　　　　こた

1) ブランドものはみんな高いんでしょうか。

2) 漢字を知っていれば日本語が読めるでしょうか。
かん じ

3) 期末試験がよければ、コースの成績はAになりますか。
き まつ し けん　　　　　　　　　　　　　　せいせき

4) アメリカ人はみんなフットボールが好きですか。

5) 日本に住んでいた人は、みんな日本語が話せますか。

4 >>>> **Nばかり**　>>>>> [文法ノート7]

● Complete the following sentences using the pictures as cues. Use ～ばかりしている in its right grammatical forms.

[例] 勉強しないで、ビールばかり飲んでいます。

| [例] | 1) | 2) | 3) | 4) |

1) 勉強しないで、_____。

2) スポーツもしないで、_____と、病気になります。

3) _____のは、体によくない（not good for health）

と思います。

4) このごろの子供は、小説など読まないで、_____。

---

5 >>>>>　| **なるべく**　　　　　　　　　　　　　　　　>>>>> [文法ノート8]

● 「なるべく」を使って、次の会話を完成させなさい。

[例] 学　生：先生、ひらがなでだけで書いてもいいですか。

先　生：いいえ、<u>なるべく漢字も使って</u>ください。

1) A：返事は来週でもいいですか。

B：_____方がいいんですが。

2) 学　生：作文は、日本人の友達に直してもらってもいいですか。

先　生：_____やってください。

3) 学　生：この話は、辞書を使って読んでもいいですか。

先　生：_____読んでみてください。

---

6 >>>>>　| **Vべき**　　　　　　　　　　　　　　　　>>>>> [文法ノート9]

● 次の文を完成させなさい。

1) 日本語が上手になりたかったら、_____べきだ。

2) 漢字が分からなかったら、_____べきだ。

3) 日本人学生と友達になりたかったら、_____べきだ。

4) 子供は_____べきだ。

5) 若い時に、_____べきだ。

● 「留学情報」を読んで、次(つぎ)の質問に答(こた)えなさい。

1. 交換プログラムで留学すると、なぜ便利ですか。

(1)

(2)

(3)

✂

2. 交換プログラムに選ばれるのは難しいですか。

3. どんな学生が交換プログラムに選ばれやすいですか。

4. 交換プログラム以外の大学に留学した時は、帰ってからどんな問題がありますか。

5. 留学生は、日本でどんなことを勉強しますか。

6. 日本人学生と友達になりたい人は、どうすればいいでしょうか。

7. ホームステイをした方がいいでしょうか。なぜですか。

1 >>>> たしか　　　　　　　　　　　　　　　　　　　　　>>>>> [文法ノート3]

● 「たしか」を使って、次の質問に答えなさい。

1) 一ドルは何円ですか。

2) 期末試験はいつですか。

3) 東京の人口はどれぐらいですか。

4) 日本まで飛行機で何時間ぐらいですか。

5) 世界（world）で一番長い川（river）は何という川ですか。

2 >>>>> XはYで有名だ　　　　　　　　　　　　　　　　>>>>> [文法ノート4]

● 次の言葉を使って、「XはYで有名です」という文を作りなさい。

[例] ハリウッド／映画 → ハリウッドは映画で有名です。

1) 東京／人が多い

　　→

2) 鎌倉／大仏

　　→

3) ニューオリンズ／ジャズ

　　→

4) 日本の高校生／よく勉強する

→

5) シカゴ／風が強い

→

3 >>>>> ～ようだ　　　　　　　　　　>>>>> [文法ノート6]

● 「よう」を使って、次の会話を完成させなさい。

[例] A：あのレストランはどうでしょうか。

B：おいしいようですよ。いつも込んでいますから。

1) 先　生：スミスさんは今日は休みですね。どうしたんでしょうか。

学　生：＿＿＿＿＿＿＿＿＿＿＿＿＿です。せきをしていましたから。

2) お母さん：スーザンはまだ起きているのかしら？

娘：＿＿＿＿＿＿＿＿＿＿＿＿＿よ。電気が消えているから。

3) 先生A：今度の読み物はどうですか。

先生B：あまり＿＿＿＿＿＿＿＿＿＿＿＿＿ですよ。みんな

つまらなそうな顔をしていました。

4) 先生A：このごろの日本人の留学生は＿＿＿＿＿＿＿＿＿＿ですね。

冬休みはハワイへ遊びに行くし、夏休みは日本へ帰るし。

先生B：本当ですね。私たちが学生のころは大変でしたけどね。

5) お父さん：スーザンは日本の食べ物がとっても＿＿＿＿＿＿＿＿＿だね。

お母さん：ええ、納豆でもおさしみでも何でもよく食べてくれるから、助かるわ。

4 >>>>> Nのように／NのようなN　　　　　>>>>> [文法ノート6]

● 「よう」を使って、次の文を完成させなさい。

[例] 将棋は<u>チェスのような</u>ゲームです。／あの人は、<u>プロのように</u>上手です。

1) あの人は、_____何でもよく知っています。

2) あの人は、二十五歳なのに、_____人です。

3) 八月なのに、_____涼しいです。

4) 友子さんは_____英語が上手です。

5) あの学生は_____漢字が読めます。

5 >>>>> よう／らしい／(plain form)そう／(stem)そう　　>>>>> [文法ノート6]

● 「よう」「らしい」「(plain) そう」「(stem) そう」のどれかを使って、次の文を完成させなさい。
二つ以上使える場合もある。

1) 田中さんの妹さんは女_____人です。

2) 田中さんの弟さんは女_____人です。

3) ウィスコンシンでは四月なのに、雪が降って、_____日があります。

4) 今、日本は十月で、毎日秋_____日がつづいている_____

です。電話でそう聞きました。

5) 山田さんは_____ですよ。今日も授業に来ていませんでした。

6) きのうベーカリーで_____おかしを見たんだけど、

買うのはやめておいた。

7) スミスさんは来年日本に_____よ。ホワイトさんが

そう言っていました。

8) A：その本_____だね。

B：うん。すごく面白いよ。貸してあげようか。

6 >>>>> さえ　　　　　　　　　　　　　　　　　　　　　>>>>> ［文法ノート7］

A⟳ 次の文を完成させなさい。

1) A：このごろ忙しい？

　　B：うん、＿＿＿＿＿＿＿＿＿＿＿＿＿＿＿時間さえないよ。

2) A：あの学生は、授業中話を聞いていないので困りますよ。

　　B：ええ、授業中に＿＿＿＿＿＿＿＿＿＿＿＿＿ことさえありますよ。

3) 私は＿＿＿＿＿＿＿＿＿＿＿＿＿さえあれば幸_{しあわ}せ（happy）です。

B⟳ 「さえ」を使って、次の会話を完成させなさい。

1) A：あの人は漢字_{かんじ}ができなくて、困りますね。

　　B：本当にそうですね。＿＿＿＿＿＿＿＿＿＿＿＿＿読めないんですから。

2) A：ラスベガス（Las Vegas）には何でもあるらしいね。

　　B：うん、＿＿＿＿＿＿＿＿＿＿＿＿＿＿＿あるらしいよ。

3) A：アメリカの大学生は親_{おや}に助けてもらわない人もいると聞いたんですが、本当_{ほんとう}
　　　ですか。

　　B：ええ、＿＿＿＿＿＿＿＿＿＿＿＿＿＿＿いますよ。

7 >>>>> ～てくる／～ていく　　　　　　　　　　　　>>>>> ［文法ノート10］

A⟳ 「～てきました／てきた」を使って、会話を完成させなさい。

1) A：このごろ日本語の勉強はどうですか。

　　B：＿＿＿＿＿＿＿＿＿＿＿＿＿＿＿＿＿。

　　A：それはいいですね。

2) A：学期末になって勉強が＿＿＿＿＿＿＿＿＿＿＿＿＿ねえ。

　　B：うん、寝る時間もないよ。

3) 先生A：スミスさんはずいぶん日本語が＿＿＿＿＿＿＿＿＿＿＿ねえ。

　　先生B：ええ、クラスの外でも会話を練習_{れんしゅう}しているからでしょうねえ。

B◔ 次の質問に答えなさい。

1)　あなたの国(くに)はどのように変(か)わってきたと思いますか。

2)　世界(せかい)（world）はこれからどのように変わっていくと思いますか。

8 >>>>> 　〜わけではない　　　　　　　　　>>>>> [文法ノート11]

◔「わけではありません」を使って、次の文を完成させなさい。

[例]　ビールはあまり飲みませんが、きらいなわけではありません。

1)　まだ結婚(けっこん)していませんが、＿＿＿＿＿＿＿＿＿＿＿＿＿＿＿＿＿＿。

2)　クーパーさんは日本に住んでいましたが、＿＿＿＿＿＿＿＿＿＿＿＿＿＿＿。

3)　漢字(かんじ)クイズは今日ありませんが、＿＿＿＿＿＿＿＿＿＿＿＿＿＿＿＿＿。

4)　長い間手紙を書きませんでしたが、あなたのことを＿＿＿＿＿＿＿＿＿＿＿
　　＿＿＿＿＿＿＿＿＿＿＿＿＿＿。

5)　ウィスコンシンの冬は寒いですが、毎日＿＿＿＿＿＿＿＿＿＿＿＿＿＿＿＿。

9 >>>>> 　Vないで済(す)む　　　　　　　　　>>>>> [文法ノート12]

◔「Vないで済(す)む／済んだ」を使って、次の会話を完成させなさい。

1)　妻(つま)（wife）　　：きのうは雨がひどかったけど、歩いて帰ってきたの？
　　夫(おっと)（husband）：ううん、山川さんが車で送ってくれたんで、＿＿＿＿＿＿＿
　　　　　　　　　＿＿＿＿＿＿＿＿＿＿＿＿＿＿＿。

　　妻：ああ、それはよかったわね。

2)　学　生：ワープロソフトは便利ですね。
　　先　生：そうですね。でも、ワープロを使うと漢字(かんじ)を＿＿＿＿＿＿＿＿＿＿＿
　　　　　　から、漢字が書けなくなるでしょうね。
　　学　生：それは困りますね。

3)　A：その辞書は高かったでしょう？

　　　B：それが、兄がくれたので、＿＿＿＿＿＿＿＿＿＿＿＿＿＿＿＿んです。

　　　A：それはよかったですね。

4)　田中先生：学生はよく勉強しますか。

　　　佐藤先生：ええ、みんなよく勉強します。ですから、勉強しなさいと＿＿＿＿＿

　　　　　　　　＿＿＿＿＿＿＿＿＿＿＿＿＿＿＿。

　　　田中先生：それは助かりますね。

10 >>>>>　｜〜ずつ　　　　　　　　　　　　　　　　>>>>> [文法ノート13]

A◯ 次の絵を見て、「ずつ」を使って質問に答えなさい。

1)　A：お子さんがいらっしゃいますか。

　　　B：ええ、＿＿＿＿＿＿と＿＿＿＿＿＿が＿＿＿＿＿＿＿います。

2)　A：きのう店で何か買いましたか。

　　　B：ええ、＿＿＿＿＿＿＿＿＿＿＿＿＿＿＿＿＿買いました。

3)　A：部屋に学生が何人いますか。

　　　B：＿＿＿＿＿＿＿＿＿＿＿＿＿＿＿＿＿＿＿＿います。

4)　A：家族の写真持ってる？

　　　B：はい、＿＿＿＿＿＿＿＿＿＿＿＿＿＿＿＿＿あります。

5)　A：おすしは何を食べましたか。

　　　B：＿＿＿＿＿＿＿＿＿＿＿＿を＿＿＿＿＿＿＿食べました。

B⊃次のような時、何と言いますか。「ずつ」を使って言いなさい。

1) トムは英語を教えています。毎週、一郎に三時間、花子に三時間教えています。

　　　→

2) ジェイソンは毎週図書館で五時間、寮の食堂で五時間、アルバイトをしています。

　　　→

3) クラスの学生はみんなえんぴつを一本もらいました。

　　　→

---

11 >>>>> ｜ ～すぎる　　　　　　　　　　　>>>>> [文法ノート14]

⊃「～すぎる」か「～すぎて」を使って、次の文を完成させなさい。

[例] 部屋が<u>寒すぎる</u>と、寝られません。

1) _____と、おなかが痛くなります。

2) アルバイトを_____と、勉強ができません。

3) _____と、二日酔いになります (to have a hangover)。

4) 東京の家は、_____、買えません。

5) 日本語の新聞は、二年の学生には、_____でしょう。

●「日本からのメール」を読んで、次の質問に答えなさい。

1. 季節（season）はいつですか。

2. ジェイソンは何月に日本へ行きましたか。

3. ジェイソンはひどいカルチャーショックを受けましたか。なぜですか。

4. あなたはカルチャーショックを受けたことがありますか。どんなカルチャーショックでしたか。

5. ジェイソンは、電車の中で、どんなことにびっくりしましたか。

6. ジェイソンは、なぜ日本料理は体にいいと思っているのでしょうか。

7. ジェイソンはアルバイトをして、一週間にいくらもらっていますか。

8. ジェイソンはもっとアルバイトをしたがっていますか。なぜですか。

1 >>>>> **せっかく** >>>>> [文法ノート2]

◯次の文を完成させなさい。

1) せっかく日本語を習ったんだから、＿＿＿＿＿＿＿＿＿＿＿＿＿＿＿＿＿＿＿。

2) せっかく日本へ行っても、＿＿＿＿＿＿＿＿＿＿＿＿＿＿＿と、日本語は

　上手になりません。

3) せっかくアメリカへ来たんだから、＿＿＿＿＿＿＿＿＿＿＿＿＿＿ください。

4) せっかく＿＿＿＿＿＿＿＿＿＿＿＿＿彼女の電話番号をなくしてしまった。

5) （パソコンでワープロを使っていたら、パソコンがフリーズ (freeze) してしまった。)

　せっかく＿＿＿＿＿＿＿＿＿＿＿＿＿＿＿文が全部消えてしまった。

2 >>>>> **～わけにはいかない** >>>>> [文法ノート3]

◯「V (affirmative) わけにはいかない」か「V (negative) わけにはいかない」を使って、次の会
話を完成させなさい。

1) A：漢字は勉強するのに時間がかかりますねえ。

　B：ええ、でも＿＿＿＿＿＿＿＿＿＿＿＿＿＿＿＿＿しねえ。

2) 学　生：漢和辞典 (Chinese-Japanese character dictionary) を貸していただけな

　　　　いでしょうか。

　先　生：今使っているから、＿＿＿＿＿＿＿＿＿＿＿＿＿んですけど。

3) A：あしたまで待っていただけないでしょうか。

　B：ええ、でも、急いでいるので、＿＿＿＿＿＿＿＿＿＿＿＿＿んです。

4) 学生A：このごろサークル活動で忙しいようだね。

　　学生B：うん、でも、サークル活動が忙しいといって宿題を＿＿＿＿＿＿＿

　　　　＿＿＿＿＿＿＿＿＿＿しね。

5)　学生A：今日のパーティー、行く？

　　　学生B：あまり行きたくないけど、先生もいらっしゃるそうだから、

　　　　　　　＿＿＿＿＿＿＿＿＿＿＿＿＿＿＿＿＿＿＿＿＿＿＿よね。

3 >>>>>　　｜　そうかと言って　　　　　　　　　　　>>>>> [文法ノート4]

● 「そうかと言って～ないわけにはいかない」を使って、会話を完成させなさい。

1)　A：漢字は難しいねえ。

　　　B：うん、でも＿＿＿＿＿＿＿＿＿＿＿＿＿＿＿＿＿＿しねえ。

2)　A：毎日忙しくて寝る時間もないね。

　　　B：うん、でも＿＿＿＿＿＿＿＿＿＿＿＿＿＿＿＿＿＿だろう。

3)　A：今日みんなで飲みに行くのかな。あまり行きたくないけど。

　　　B：うん、でも＿＿＿＿＿＿＿＿＿＿＿＿＿＿＿＿＿＿よ。

　　　　今日は先生もいらっしゃるから。

4 >>>>>　　｜　Ｖ ために　　　　　　　　　　　　>>>>> [文法ノート5]

● 「Ｖ ために」を使って、次の文を完成させなさい。

[例] <u>CDを聞くために</u>CDプレーヤーを買いました。

1)　留学生は、＿＿＿＿＿＿＿＿＿＿＿＿＿＿＿＿＿日本へ行きます。

2)　学生は、たいてい＿＿＿＿＿＿＿＿＿＿＿＿＿＿＿アルバイトをします。

3)　＿＿＿＿＿＿＿＿＿＿＿＿＿＿＿＿＿大学に入るのが普通だと思うが、

　　　＿＿＿＿＿＿＿＿＿＿＿＿＿＿＿＿＿大学に入る学生もいるようだ。

4)　辞書<ruby>じしょ</ruby>は、＿＿＿＿＿＿＿＿＿＿＿＿＿＿＿＿＿使うものです。

5 >>>>> Vための　　　　　　　　　　>>>>> [文法ノート5]

● 「Vための」を使って、文を完成させなさい。

[例] LLは、CDを聞くための部屋です。

1) 図書館は、＿＿＿＿＿＿＿＿＿＿＿＿＿＿建物です。

2) 電話は、＿＿＿＿＿＿＿＿＿＿＿＿＿ものです。

3) 私は、＿＿＿＿＿＿＿＿＿＿＿＿勉強をしています。(about yourself)

4) 漢和辞典は、＿＿＿＿＿＿＿＿＿＿＿＿ものです。

6 >>>>> ～ても　　　　　　　　　　　>>>>> [文法ノート6]

● 次の質問に答えなさい。

[例] A：そんなにたくさん食べたら、太るでしょう？

　　 B：いいえ、私はたくさん食べても、太らないんです。

1) A：東京は、十月になったら寒いですか。

　　 B：＿＿＿＿＿＿＿＿＿＿＿＿＿＿＿＿＿＿＿

2) A：つかれていたら、授業に出なくてもいいですか。(授業に出る＝to attend classes)

　　 B：＿＿＿＿＿＿＿＿＿＿＿＿＿＿＿＿＿＿＿

3) A：アメリカでは、年上の人だったら、ファーストネームで呼びませんか。

　　 B：＿＿＿＿＿＿＿＿＿＿＿＿＿＿＿＿＿＿＿

4) A：予備校に行かなかったら、入学試験にパスしませんか。

　　 B：＿＿＿＿＿＿＿＿＿＿＿＿＿＿＿＿＿＿＿

5) A：大学で日本語を一年勉強したら、新聞が読めるようになりますか。

　　 B：＿＿＿＿＿＿＿＿＿＿＿＿＿＿＿＿＿＿＿

7 >>>>> ～化 　　　　　　　　　　　　　　　　　　　　　>>>>> ［文法ノート9］

○ 次の質問に答えなさい。

1) 映画化された小説には、どんな小説がありますか。

2) 機械化（機械＝machine）して便利になったものには、どんなものがありますか。

3) 外国から日本に入ってきて日本化したものは、何でしょうか。

4) 日本は国際化（国際＝international）していると思いますか。どうしてですか。

8 >>>>> **Causative-passive** 　　　　　　　　　　　>>>>> ［文法ノート10］

○ Causative-passive の short form を使って、次の会話を完成させなさい。

1)　　母　：どうかしたの。

　　むすこ：きのうの晩、友達にビールをたくさん＿＿＿＿＿＿＿＿＿＿て。

　　　母　：じゃあ、二日酔い（hangover）ね。

2) 山田（女）：林さんの奥さんってとってもやさしい（kind; sweet）方なんだってね。

　　林（男）：とんでもない（Don't be silly!）。＿＿＿＿＿＿＿＿＿＿＿＿たり、

　　　　　　　＿＿＿＿＿＿＿＿＿＿＿たり、大変だよ。

3)　川　口：ホワイト先生のクラス、どうだった。

　　山　口：面白かったけど、レポートをたくさん＿＿＿＿＿＿＿＿＿＿たり、

　　　　　　　＿＿＿＿＿＿＿＿＿＿＿たり、死にそうだった。

　　川　口：でも、それだけたくさん勉強したというわけよね。

4)　山　田：きのうのデート、どうだった。

　　前　田：ひどい目にあっちゃった（I had a terrible experience）。駅では彼女（girl-friend）に三十分も＿＿＿＿＿＿＿＿＿＿し、カラオケに行って

　　　　　　歌を＿＿＿＿＿＿＿＿＿＿し。

● 「日本の高校生・大学生」を読んで、次の質問に答^{こた}えなさい。

1.　日本の高校生は、なぜ三年生になると部活動をやめて勉強ばかりする学生が増えるのでしょうか。

2.　日本の高校生で自分の入りたい大学に入れなかった人は、どうしますか。

3.　今、日本ではどんな高校生が増えていますか。どうしてでしょうか。

4.　日本の大学生の考え方は、どう変わってきているのでしょうか。

5.　あなたの大学生活では何が重要ですか。高校生の時と大学生になってからをくらべてどう違いますか。

* * *

1 >>>> ～ことは（～が）　　　　　　　>>>>> ［文法ノート2］

◯例にならって、次の質問に答えなさい。

[例] A：このレストランはどうですか。おいしいですか。

　　 B：<u>おいしいことはおいしいですが、ちょっと高いです。</u>

1) A：日本語の勉強はどうですか。

　 B：＿＿＿＿＿＿＿＿＿＿＿＿＿＿＿＿＿＿＿＿＿＿＿＿＿

2) A：日本へ行きたいですか。

　 B：＿＿＿＿＿＿＿＿＿＿＿＿＿＿＿＿＿＿＿＿＿＿＿＿＿

3) A：料理ができますか。

　 B：＿＿＿＿＿＿＿＿＿＿＿＿＿＿＿＿＿＿＿＿＿＿＿＿＿

4) A：スポーツはやりますか。

　 B：＿＿＿＿＿＿＿＿＿＿＿＿＿＿＿＿＿＿＿＿＿＿＿＿＿

5) A：漢字が読めますか。

　 B：＿＿＿＿＿＿＿＿＿＿＿＿＿＿＿＿＿＿＿＿＿＿＿＿＿

2 >>>> ～とは限らない　　　　　　　　>>>>> ［文法ノート4］

◯「～とは限りません」を使って、次の質問に答えなさい。

[例] A：アメリカ人は、みんな野球が好きですか。

　　 B：いいえ、<u>みんな好きとは限りません。</u>

1) A：アメリカ人はみんな車を持っていますか。

　 B：いいえ、＿＿＿＿＿＿＿＿＿＿＿＿＿＿＿＿＿＿＿＿。

2) A：日本の高校生は、みんな勉強ばかりしていますか。

　 B：いいえ、＿＿＿＿＿＿＿＿＿＿＿＿＿＿＿＿＿＿＿＿。

3) A：アメリカの学生はみんなアルバイトをしていますか。

B：いいえ、_____。

4) A：アメリカへ来る日本人は、みんな英語ができますか。

B：いいえ、_____。

3 >>>> ～前に／～あと／～時 >>>>> [文法ノート5]

●動詞 (verb) を入れて、次の文を完成させなさい。

1) 日本人はご飯を_____時、おはしを使います。

2) レストランへ_____前に予約をしておいたので、すぐ座れました。

3) この間先生に推薦状を書いていただいたので、今度先生に_____時、

お礼 (thanks) を言おう。

4) お風呂に_____あと、ビールを飲むとおいしい。

5) きのう家へ_____時、雨に降られて大変でした。

4 >>>> 何＋counterも >>>>> [文法ノート6]

●次の会話を完成させなさい。

1) 先生A：日本語の学生は一人だけですか。

先生B：いいえ、_____いますよ。

2) 先　生：ブラウンさんは、ちょっと今度の試験は悪かったですね。

ブラウン：ええ、毎晩_____勉強しているんですが。

勉強の仕方が下手なのかもしれません。

3) 日本人：日本へ行ったことがありますか。

アメリカ人：ええ、_____行ったことがあります。

4) A：ロールス・ロイスって、いくらぐらいするんでしょうか。

B：_____するでしょうねえ。

5 >>>>> 　～んじゃないでしょうか　　　　　　>>>>> [文法ノート8]

A⊙「～んじゃないでしょうか」を使って、文を完成させなさい。

1)　毎日日本語のCDを聞けば、＿＿＿＿＿＿＿＿＿＿＿＿＿＿＿＿＿＿＿＿。

2)　日本語の漢字の読み方は＿＿＿＿＿＿＿＿＿＿＿＿＿＿＿＿＿＿＿＿＿＿。

3)　田中さんは風邪をひいたと言っていたから、パーティーへ＿＿＿＿＿＿＿＿＿

＿＿＿＿＿＿＿＿＿＿＿＿＿＿＿＿。

4)　日本の大学生は＿＿＿＿＿＿＿＿＿＿＿＿＿＿＿＿＿＿＿＿＿＿＿＿＿＿＿。

B⊙「～んじゃないかと思います」を使って、意見を言いなさい。

1)　チップの習慣についてどう思いますか。

2)　日本語を勉強すると、どんないいことがあると思いますか。

3)　日本についてどう思いますか。

4)　アルバイトをしながら勉強することについてどう思いますか。

5)　日本へ英語を教えに行くなら、東京へ行くのと、いなか（rural area）へ行くのと、どちらの方がいいと思いますか。

6 >>>>> | **むしろ**　　　　　　　　　　　　　　　　　　　　　　>>>>> [文法ノート9]

● 「むしろ」を使って、次の会話を完成させなさい。

1) A：ちょっと元気なさそうだね。

　　B：うん、風邪（かぜ）ひいちゃって。

　　A：夏風邪？

　　B：うん。

　　A：夏風邪の方が冬の風邪より＿＿＿＿＿＿＿＿＿＿＿＿＿＿＿＿から気をつけてね。

　　B：ありがとう。

2) A：日本語がひらがなだけで書いてあったら、もっと読みやすくなるのにね。

　　B：うーん、でも、ひらがなだけで書かれた文は、漢字とひらがなで書かれた文より

　　　　＿＿＿＿＿＿＿＿＿＿＿＿＿＿＿＿＿よ。

　　A：そうかなあ。

3) A：このごろの日本の若者は敬語（けいご）の使い方を知りませんね。

　　B：そうですね。アメリカの学生の方が＿＿＿＿＿＿＿＿＿＿＿＿＿＿＿＿ね。

7 >>>>> | **意外に**　　　　　　　　　　　　　　　　　　　　>>>>> [文法ノート10]

● 自分について次の文を完成させなさい。

1) ＿＿＿＿＿＿＿＿＿＿という映画（えいが）は、意外に＿＿＿＿＿＿＿＿＿＿＿＿＿。

2) ＿＿＿＿＿＿＿＿＿＿＿＿＿＿＿は、意外においしかった。

3) ＿＿＿＿＿＿＿＿＿＿＿＿＿＿＿＿＿は、意外に時間がかかった。

4) 意外に多くの人が＿＿＿＿＿＿＿＿＿＿＿＿＿＿＿＿＿＿＿＿。

8 >>>>> 敬語の練習　　　　　　　　　　>>>>> [NOTES ON KEIGO]
けいご

● 敬語 (respect or humble form) を使って、＿＿＿＿＿の部分を書きかえなさい。
けいご

1) 先生A：クッキーを<u>食べませんか</u>。

　　　　　→

　　　先生B：ありがとうございます。じゃ、ひとつだけ<u>食べます</u>。

　　　　　→

2) 学　生：山田先生<u>ですか</u>。

　　　　　→

　　　山　田：はい、そうですが。

　　　学　生：田中と<u>言います</u>が、ちょっと<u>聞きたい</u>ことがあるんですが。

　　　　　→

3) 先生A：この間の旅行の写真、<u>見ますか</u>。
りょこう

　　　　　→

　　　先生B：ええ、ぜひ<u>見たいです</u>。

　　　　　→

4) 先生A：南西大学の山中先生を<u>知っていますか</u>。
なんせい

　　　　　→

　　　先生B：この間、学会 (academic conference) で<u>会いましたが</u>。
がっかい

　　　　　→

5) 山川先生は、日本語を<u>教えています</u>。日本から<u>来た</u>ばかりのころは、日本の方が

→

いいと<u>思った</u>そうですが、今はアメリカの方が住みやすいと<u>言っています</u>。スポー

ツは、あまり<u>しない</u>そうですが、音楽が<u>好きだ</u>そうです。毎日遅くまで研究室に

<u>いる</u>ので、いつ行っても<u>会えます</u>。

○「チップの習慣」を読んで、次の質問に答えなさい。

1. 日本人はなぜチップの習慣が面倒だと感じるのでしょうか。

2. あなたは、どんな時にチップを払いますか。例を三つ書きなさい。
　　なるべく「〜時」という表現（expression）を使って答えなさい。

（1）

（2）

（3）

3. 日本では、どこで、どのぐらいサービス料を取られるのですか。

4. だれがだれに何を宣伝した方がいいと書いてありますか。

5. あなたは、チップの習慣があった方がサービスがよくなると思いますか。どうしてですか。「～んじゃないかと思います」を使って答えなさい。

6. あなたは、チップの習慣についてどう思いますか。なぜですか。「～んじゃないかと思います」を使って答えなさい。

1 >>>>> ｜ ～たっけ／だっけ　　　　　　>>>>> [文法ノート2]

A⚫次の例のように plain form に変えて、言いかえなさい。

[例] 試験は明日ですか。　　　→　　試験は明日だっけ？

　　　去年日本に帰りましたか。　→　　去年日本に帰ったっけ？

1) 宿題の締め切りはいつですか。

　　→

2) 宿題がありましたか。

　　→

3) このコースの先生は、鈴木先生ですか。

　　→

4) 来年日本へ行くんですか。

　　→

5) その人は背が高かったですか。

　　→

B⚫「～たっけ／だっけ」を使って、次の会話を完成させなさい。

1) お父さん：スーザンの今住んでいる町は、マディソン＿＿＿＿＿＿＿＿＿＿？

　　スーザン：ええ、そうです。

2) ゆ　り：スーザンは日本へ行ったことが＿＿＿＿＿＿＿＿＿＿？

　　スーザン：うん、一度行ったことがある。

3) ゆ　り：スーザンが日本へ行ったのは＿＿＿＿＿＿＿＿＿＿。

　　スーザン：去年の夏。

4) （AとBがパーティーで会う。）

　　A：こんにちは。前に一度＿＿＿＿＿＿＿＿＿＿？

　　B：ええ、一度飲み会で会ったと思いますが。

　　A：ああ、そうでしたね。

2 >>>>> Vようにする　　　　　　　　　　　　>>>>> [文法ノート3]

● 次の絵を見て、「Vようにしてください」と友達に言いなさい。

[例] ご飯は、一日に三度食べるようにしてください。

1) _____

2) _____

3) _____

4) _____

3 >>>>> V始める　　　　　　　　　　　　　　>>>>> [文法ノート4]
　　　　　はじ

● 例のように質問を作って、答えを書きなさい。

[例] テニスを習う／何歳
　　　→質問：テニスを習い始めたのは何歳の時でしたか。
　　　　　　　はじ
　　　　答え：十歳の時でした。

1) 日本語を勉強する／何年前

　　　→質問：_____

　　　　答え：_____

2) きのう宿題をする／何時

→質問：＿＿＿＿＿＿＿＿＿＿＿＿＿＿＿＿＿＿＿＿＿

　答え：＿＿＿＿＿＿＿＿＿＿＿＿＿＿＿＿＿＿＿＿＿

3) コンピューターを使う／何歳

→質問：＿＿＿＿＿＿＿＿＿＿＿＿＿＿＿＿＿＿＿＿＿

　答え：＿＿＿＿＿＿＿＿＿＿＿＿＿＿＿＿＿＿＿＿＿

4) アメリカのスーパーですしを売る／何年前

→質問：＿＿＿＿＿＿＿＿＿＿＿＿＿＿＿＿＿＿＿＿＿

　答え：＿＿＿＿＿＿＿＿＿＿＿＿＿＿＿＿＿＿＿＿＿

4 >>>>> Question word＋〜ても　　　　>>>>> [文法ノート6]

● 「Question word＋〜ても」を使って、次の会話を完成させなさい。

1) A：どうしたんですか。頭でも痛いんですか。

　　B：ええ、明日のゼミのためにこの論文を読まなければいけないんですけど、

　　　　＿＿＿＿＿＿＿＿＿＿＿＿＿＿＿＿＿分からないんですよ。

2) A：この言葉の意味がよく分からないんですけど。

　　B：じゃ、森さんに聞いたらどうですか。森さんは、生き字引 (*lit.,* living dictio-

　　　　nary)みたいな人で、＿＿＿＿＿＿＿＿＿＿＿＿よく知っていますから。

3) A：大変な人出 (crowd) ですね。

　　B：ええ、ゴールデンウイークの時は、＿＿＿＿＿＿＿＿＿＿＿＿人で

　　　　いっぱいなんですよ。

4) A：佐藤さんは、どこかへ旅行にでも行ったんでしょうか。

　　B：そんなはずはないと思いますけど。

　　A：＿＿＿＿＿＿＿＿＿＿＿＿＿＿＿＿電話に出ないんですよ。

5 >>>>>　　　|　**〜を始め**　　　　　　　　　　　　　　　　>>>>> [文法ノート7]
はじ

❏「〜を始め」を使って、次の質問に答えなさい。
はじ

1) 日本ではどんなスポーツが盛んだと思いますか。
さか

2) あなたはどんなコースを取っていますか。

3) 日本はアメリカへどんなものを輸出（to export）していますか。
ゆ しゅつ

4) あなたはどんなことをするのが好きですか。

6 >>>>>　　　|　**〜的**　　　　　　　　　　　　　　　　　>>>>> [文法ノート9]

❏ 次のリストの中から適当なものを選んで、文を完成させなさい。

　　　[　歴史的　　家庭的　　経済的　　国際的　　心理的（psychological）　]
　　　　　　　　　　　　　　　　　　　　　　　　　しん り

1) 横浜は、外国人が多くて、（　　　　　　　　　　）な町である。
よこはま

2) あの人は病気じゃないけど、（　　　　　　　　　　）にいろいろ問題があるようだ。

3) 鎌倉は、（　　　　　　　　）に有名な所である。
かまくら

4) （　　　　　　　　）な人というのは、家の仕事が好きな人のことです。

5) 安いものはすぐだめになるから、（　　　　　　　　）じゃない。

⊙「日本のスポーツ」を読んで、次の質問に答^{こた}えなさい。

1. 「野球」という日本語が使われ始めたのは、いつごろでしたか。

2. 沢村というピッチャーは、なぜヒーローになったのですか。

3. 日本では学生野球とプロ野球とどちらの方が早く始まりましたか。

4. 太平洋戦争の間、日本人は野球をしましたか。

5. 近年、どんなプロ野球の選手が増えていますか。

6. 甲子園で試合をするのはだれですか。

7. 欧米から日本に入ったスポーツは野球だけですか。

8. 「伝統的なスポーツ」というのはどんなスポーツですか。

9. 相撲は、日本人だけのスポーツと言えますか。なぜですか。

1 >>>>> **XはYくらいです**　　　　　>>>>> [文法ノート1]

● 次の会話を完成させなさい。

1) 日本人：日本料理は、何でも好きですか。

アメリカ人：いいえ、私が好きなのは＿＿＿＿＿＿＿＿＿＿＿くらいです。

2) A：このごろの日本の子供は、本をあまり読まないと聞きましたが。

B：ええ、本当に。＿＿＿＿＿＿＿＿は、＿＿＿＿＿＿＿＿＿くらいなんですよ。

A：それは困りましたね。

3) 田　中：鈴木さんはスポーツは何でもできるんでしょ。

鈴　木：いいえ、僕が＿＿＿＿＿＿＿＿のは＿＿＿＿＿＿＿＿＿くらいですよ。

2 >>>>> **やっぱり**　　　　　>>>>> [文法ノート2]

● 例にならって、次の会話を完成させなさい。

[例] A：文部科学省の試験はどうでしたか。

B：難しいと聞いていたんですけど、やっぱり難しかったです。

1) 山　田：夏はどうしたんですか。

ベーカー：日本語を勉強しました。

山　田：じゃあ、たくさん勉強できたでしょう。

ベーカー：ええ、でも、夏はやっぱり＿＿＿＿＿＿＿＿＿＿＿と思いました。

2) スミス：きのうはどんなレストランへ行ったんですか。

加　藤：ステーキのレストランへ行きました。

スミス：おいしかったですか。

加　藤：ええ、でも、私は日本人だから、やっぱり＿＿＿＿＿＿＿＿＿＿

＿＿＿＿＿＿＿＿＿＿＿＿。

3) 小　川：お宅のおじょうさんは今度大学だそうですが、どちらの大学にいらっしゃ

　　　　　　るんですか。

　　　三　上：東京大学に入りました。

　　　小　川：やっぱり＿＿＿＿＿＿＿＿＿＿＿＿＿＿＿ですねえ。

4) 山　田：夏休みはどうしたの。

　　　村　上：カリフォルニアまで車で旅行したんだけど。

　　　山　田：わあ！

　　　村　上：アメリカはやっぱり＿＿＿＿＿＿＿＿＿＿＿＿＿と思ったよ。

---

3 >>>>>　　**〜さえ〜ば**　　　　　　　　　>>>>> [文法ノート3]

● 「〜さえ〜ば」を使って、次の文を完成させなさい。

[例] 勉強さえすれば、試験はできるでしょう。

1) ＿＿＿＿＿＿＿＿＿＿＿＿＿＿＿＿何でも好きなことができます。

2) 分からない漢字は、＿＿＿＿＿＿＿＿＿＿＿＿＿分かります。

3) 日本語は、＿＿＿＿＿＿＿＿＿＿＿＿＿＿話せるようになります。

4) 病気は、＿＿＿＿＿＿＿＿＿＿＿＿＿よくなります。

5) 私は、＿＿＿＿＿＿＿＿＿＿＿＿＿＿幸（しあわ）せです。(about yourself)

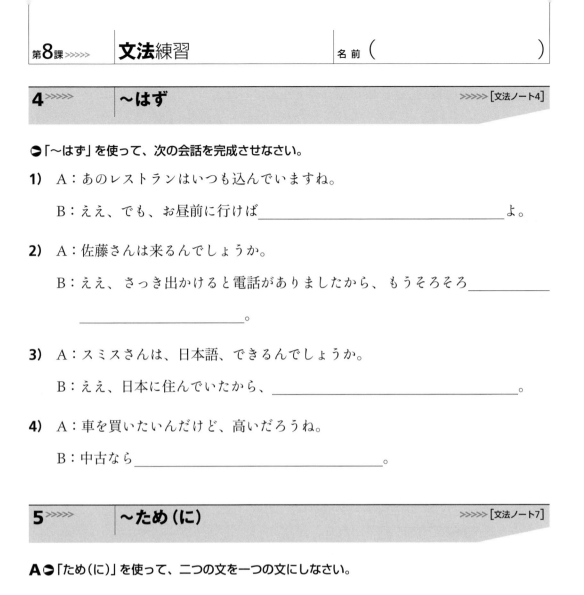

4 >>>>>　　**〜はず**　　　　　　　　　　　　　　　　　　　　>>>>>［文法ノート4］

◯「〜はず」を使って、次の会話を完成させなさい。

1) 　A：あのレストランはいつも込んでいますね。

　　　B：ええ、でも、お昼前に行けば＿＿＿＿＿＿＿＿＿＿＿＿＿＿＿＿＿＿よ。

2) 　A：佐藤さんは来るんでしょうか。

　　　B：ええ、さっき出かけると電話がありましたから、もうそろそろ＿＿＿＿＿＿

　　　　　＿＿＿＿＿＿＿＿＿＿＿＿。

3) 　A：スミスさんは、日本語、できるんでしょうか。

　　　B：ええ、日本に住んでいたから、＿＿＿＿＿＿＿＿＿＿＿＿＿＿＿＿＿＿。

4) 　A：車を買いたいんだけど、高いだろうね。

　　　B：中古なら＿＿＿＿＿＿＿＿＿＿＿＿＿＿＿＿＿＿。

5 >>>>>　　**〜ため（に）**　　　　　　　　　　　　　　　　>>>>>［文法ノート7］

A◯「ため（に）」を使って、二つの文を一つの文にしなさい。

[例] 大雪です。／フライトがキャンセルされました。

　　　→大雪のため（に）、フライトがキャンセルされました。

1) 　田中さんは病気です。／ずっと学校を休んでいます。

　　　→

2) 　バスが不便です。／車を買いました。

　　　→

3) 経験がありません。／仕事に雇（やと）われませんでした。

→

4) 日本は鎖国（さこく）をしていました。／オランダ人以外の白人は日本に入国することができませんでした。

→

B⟳「ため（に）」には、（a）目的（purpose）の意味と、（b）理由（reason）の意味があります。次の文は、どちらの意味でしょうか。目的なら（a）、理由なら（b）と書きなさい。

1) 残念ですが、お金がないため、留学することができません。 （　　）

2) 日本へ行きましたが、英語でばかり話していたため、日本語が上手になりませんでした。 （　　）

3) 森山（もりやま）は通訳になるために、一生懸命（けんめい）英語を勉強した。 （　　）

4) 一週間に三十時間もアルバイトをしているために、勉強する時間がありません。 （　　）

5) 私は、日本語を専攻するために、この大学に入りました。 （　　）

●「マクドナルドと森山」を読んで、次の質問に「だ体」か「である体」で答えなさい。

1. マクドナルドは、今から何年ぐらい前に生まれたのか。

2. 父も母もインディアンだったのか。

3. 9行目の「鎖国」というのはどういう意味か。説明しなさい。

4. 鎖国中、日本入国を許された白人は、何人(なにじん)だったのか。

5. マクドナルドは、なぜ日本へ行きたいと思うようになったのだろうか。

6. そのころの日本には、どうしてオランダ語のできる通訳がいたのだろうか。

7. 幕府は、どうして12人の侍に英語を学ばせることにしたのか。

8. マクドナルドは、何年ぐらい日本にいたのか。

9. 36行目の「語学の天才」というのは、どういう意味だろうか。

10. ペリーは、何のために日本へ行ったのか。

1 >>>> 　**わざわざ**　　　　　　　　　　>>>>> [文法ノート1]

⚫「わざわざ」か「せっかく」のどちらかを入れて、文を完成させなさい。

1) お忙しいところを（　　　　　　　　　）来ていただいて、すみません。

2) おすしを食べに（　　　　　　　　　）シカゴまで行った。

3) （　　　　　　　　　）作ったんですから、食べてみてください。

4) 学　生：先生、宿題を忘れてきました。今すぐ取ってきます。

　　先　生：（　　　　　　　　　）取りに帰らなくてもいいですよ。明日持ってきて
　　　　　　ください。

5) 今日は（　　　　　　　　　）の休みなのに、仕事をしなければいけません。

2 >>>> 　**Ⅹより仕方がない**　　　　　　>>>>> [文法ノート2]

⚫「〜より仕方がない」を使って、答えなさい。

[例] Ａ：車が故障（to break down）したんですが。

　　　Ｂ：じゃ、<u>歩いて行くより仕方がありませんねえ</u>。

1) 学　生：探している本が図書館にないんですが。

　　先　生：じゃ、＿＿＿＿＿＿＿＿＿＿＿＿＿＿＿＿＿＿＿＿＿＿。

2) 学生Ａ（男）：僕、料理は、全然できないんだ。

　　学生Ｂ：じゃ、＿＿＿＿＿＿＿＿＿＿＿＿＿＿＿＿＿＿＿＿ね。

3) 学生Ａ：今日の宿題、忘れてきちゃった。

　　学生Ｂ：じゃ、＿＿＿＿＿＿＿＿＿＿＿＿＿＿＿＿＿＿＿＿＿＿。

4) 学生Ａ（男）：日本文化のコースを取りたいと思っていたんだけど、ほかのコース
　　　　　　　　　と同じ時間なんだ。

　　学生Ｂ：じゃ、＿＿＿＿＿＿＿＿＿＿＿＿＿＿＿＿＿＿＿＿＿＿。

| **3** >>>>> | **せめて** | >>>>> [文法ノート4] |

○「せめて~くらい」を使って、次の会話を完成させなさい。

1) 日本人：あの人は、三年も日本に住んでいたんですよ。

　　アメリカ人：ああ、だから、日本語が上手なんですね。私も ＿＿＿＿＿＿＿＿＿

　　　　　　　　＿＿＿＿＿＿＿＿＿＿＿＿＿＿日本に住んでみたいんですがねえ。

2) A：今年は、休暇取るんでしょ。

　　B：それが、忙しくて取れそうにないんですよ。＿＿＿＿＿＿＿＿＿＿＿＿

　　　取れると助かるんですがねえ。

3) 先生A：みんな勉強してきませんねえ。

　　先生B：そうですねえ。＿＿＿＿＿＿＿＿＿＿＿＿＿＿＿＿＿勉強して

　　　きてほしいですねえ。

| **4** >>>>> | **~ように** | >>>>> [文法ノート5] |

A ○次の会話を完成させなさい。

[例] むすこ：明日は早く起きなきゃならないんだ。

　　　母　：じゃ、<u>早く起きられる</u>ように、<u>早く寝なさい</u>。

1) むすこ：試験の点が悪かったんで、先生にしかられちゃった。

　　　母　：じゃ、今度はしかられないように＿＿＿＿＿＿＿＿＿＿なさいよ。

2) A：私は冬になるとよく風邪をひくんですよ。

　　B：じゃ、今年は風邪を＿＿＿＿＿＿＿＿ように＿＿＿＿＿＿＿＿＿＿＿

　　　たらどうですか。

3) 日本語の学生：卒業したら、日本の会社に勤めたいと思っているんです。

　　　先生：じゃ、日本の会社に＿＿＿＿＿＿＿ように＿＿＿＿＿＿＿＿＿＿

　　　　　　＿＿＿＿＿＿＿＿＿方がいいですね。

4) 日本人学生A：スミスさんの英語分かる？

　　　日本人学生B：うん、日本人にも分かるように＿＿＿＿＿＿＿＿＿＿＿＿

　　　　　　から、よく分かるよ。

5) 夫：今晩はレストランへ行って食べようか。

　　妻：じゃ、待たなくてもいいように＿＿＿＿＿＿＿＿＿＿＿＿＿＿ましょう。

B⊃「ように」か「ために」の適当な方に○をつけなさい。

1) 病気にならない（　ように ・ ために　）毎日運動をしている。

2) いい成績がもらえる（　ように ・ ために　）がんばっている。

3) 医者になる（　ように ・ ために　）一生懸命勉強している。

4) 勉強する（　ように ・ ために　）大学に入った。

5) 漢字は、忘れない（　ように ・ ために　）何度も書きましょう。

---

5 >>>>> | **こそ**　　　　　　　　　　　　　　　　>>>>> [文法ノート7]

⊃「こそ」を使って、＿＿＿＿の部分を書きかえなさい。

1) 先　生：じゃ、今度がんばってくださいね。

　　学　生：はい、今度がんばります。

　　　　　　→

2) 日本人：毎日漢字テストがあって、大変でしょう。

　　アメリカ人：ええ、でも、漢字テストがあるから、漢字を覚えるんじゃないでしょうか。

　　　　　　→

3) 学生A：今日も先生に間違いを直されちゃった。（直す＝to correct）

　　学生B：でも、先生だから直してくれるんじゃない？ ありがたいと思わなくちゃ。

　　　　　　→

4) 学生A：ここがよく分からないんだけど、先生に聞いてもいいかな。

　　学生B：うん、分からない時は先生に聞かなくちゃ。

　　　　　　→

5) 男：ちょっと休んだら？

　　女：あなたも休んだら？

　　　　　　→

6 >>>>> **Xと言ってもY** >>>>> [文法ノート8]

● 次の会話を完成させなさい。

1) 先輩（男）：車を買ったんだってね。

後輩（男）：いやあ、車と言っても＿＿＿＿＿＿＿＿＿＿＿＿＿＿＿よ。

2) 先生（女）：旅行に行くんですってね。

学　生：はい、でも、旅行と言っても＿＿＿＿＿＿＿＿＿＿＿＿＿＿＿。

3) 友人A：ボーナス、もらったんだってね。

友人B：うん、でも、ボーナスと言っても＿＿＿＿＿＿＿＿＿＿＿。

4) 先　生：このごろ忙しいらしいですね。

学　生：はい、でも、忙しいと言っても＿＿＿＿＿＿＿＿＿＿＿。

7 >>>>> **〜に限らない／限られている** >>>>> [文法ノート10]

●「〜に限りません」か「〜に限られています」のどちらかを使って、次の質問に答えなさい。

[例] A：この切符でどんな鉄道にも乗れますか。

B：いいえ、<u>この切符で乗れるのは、新幹線以外の電車に限られています。</u>

1) A：日本では、だれでも大学に行けますか。

B：いいえ、＿＿＿＿＿＿＿＿＿＿＿＿＿＿＿＿＿＿＿。

2) A：アメリカの州立大学で勉強できるのは、州の住民（resident）だけですか。

B：いいえ、＿＿＿＿＿＿＿＿＿＿＿＿＿＿＿＿＿＿＿。

3) A：マンガを読むのは子供だけですか。

B：いいえ、＿＿＿＿＿＿＿＿＿＿＿＿＿＿＿＿＿＿＿。

4) A：だれでもアメリカのパスポートがもらえますか。

B：いいえ、＿＿＿＿＿＿＿＿＿＿＿＿＿＿＿＿＿＿＿。

5) A：大学一年生もJETプログラムに申し込めますか。

（JETプログラム＝The Japan Exchange and Teaching Program）

B：いいえ、＿＿＿＿＿＿＿＿＿＿＿＿＿＿＿＿＿＿＿。

8 >>>> どんなN（＋particle）でも　　　　　　　　　>>>>> [文法ノート11]

○「どんな〜でも」を使って、＿＿＿＿＿の部分を書きかえなさい。

1) 立派な先生も間違えます。

　　　→

2) 難しい本も何度も読めば分かります。

　　　→

3) いろいろな人とうまくやっていける人は得です（advantageous; lucky）。

　　　→

4) あの人はいろいろなことについて意見（opinion）を持っています。

　　　→

5) 漢字の辞書は、一冊持っていれば役に立つでしょう。

　　　→

◗「贈り物好きの日本人」を読んで、次の質問に答えなさい。

1. 「お歳暮」というのは何か。

2. お中元やお歳暮は、普通どういう人にあげるのか。

3. 「お年玉」というのは何か。

4. 人の家を訪ねる時は、どんな物を持っていくのが普通か。

5. 「おみやげ」というのは何か。

（1）

（2）

6. 日本人は、親類や友人や知人 (acquaintances) が結婚する時、何をあげるか。
どうしてか。

7. アメリカの Valentine's Day と日本の「バレンタインデー」はどう違うか。

8. 「ホワイトデー」というのは何の日か。

1 >>>>> 分数（fraction）　　　　　　　　　　>>>>> ［文法ノート1］
ぶんすう

● 次の数を日本語で言いなさい。

［例］　$\frac{1}{10}$　→　十分の一
　　　　　　　　　じゅうぶん の いち

1)　$\frac{2}{5}$　　　　　　　2)　$\frac{1}{3}$　　　　　　　3)　$\frac{2}{3}$

4)　$\frac{1}{4}$　　　　　　　5)　$\frac{3}{4}$　　　　　　　6)　$\frac{2}{9}$

2 >>>>> ～ほど　　　　　　　　　　　　　　>>>>> ［文法ノート2］

● 次の絵を cue として、「ほど」を使って、文を完成させなさい。

［例］ <u>手が痛くなるほど</u>漢字をたくさん練習しました。
　　　　　　　　　　　　　　　　れんしゅう

1)　この本は、＿＿＿＿＿＿＿＿＿＿＿＿＿＿＿＿＿難しいです。

2)　隣のうちのパーティーはやかましくて、＿＿＿＿＿＿＿＿＿＿＿＿＿でした。
　　（やかましい＝noisy）

3)　毎日＿＿＿＿＿＿＿＿＿＿暇も＿＿＿＿＿＿＿＿＿忙しいです。
　　　　　　　　　　　　ひま

4)　道が込んでいて、＿＿＿＿＿＿＿＿＿方が＿＿＿＿＿＿＿＿＿でした。

3 >>>>> 〜に限る >>>>> [文法ノート4]

◯ 次の文を完成させなさい。

1)　疲れた時は、＿＿＿＿＿＿＿＿＿＿＿＿＿＿＿＿＿に限ります。

2)　おいしい料理が食べたければ、＿＿＿＿＿＿＿＿＿＿＿＿＿に限ります。

3)　夏は＿＿＿＿＿＿＿＿＿＿＿＿＿＿＿＿＿。

4)　日本語が上手になりたかったら、＿＿＿＿＿＿＿＿＿＿＿＿＿＿＿。

4 >>>>> 〜まま >>>>> [文法ノート5]

◯「〜まま」を使って、次の会話を完成させなさい。

[例] A：テレビを消しましょうか。

　　　B：いいえ、<u>つけたまま</u>にしておいてください。

1)　A：この間図書館から借りた本、どうでした。

　　　B：ああ、＿＿＿＿＿＿＿＿＿＿＿＿＿、まだ読んでいないんですよ。

2)　A：じゃ、ちょっと着替えますので。

　　　B：いいえ、＿＿＿＿＿＿＿＿＿＿＿＿＿いらっしゃってください。

3)　A：ブラックさんはもう帰ってきましたか。

　　　B：いいえ、それが朝＿＿＿＿＿＿＿＿＿＿＿まだ帰ってこないんですよ。

4)　A：きのうの晩は夜遅くまで勉強していたの？　電気がついていたけど。

　　　B：いいえ、それが、実は＿＿＿＿＿＿＿＿＿＿＿寝てしまったんです。

　　　A：そう。でも、電気はちゃんと消して寝た方がいいよ。

●「国内旅行」を読んで、次の質問に答えなさい。

1.　ジャパンレールパスはどこで買えるのか。

2.　日本を旅行する時、どうしてジャパンレールパスを買っておいた方がいいのか。

3.　北海道は、なぜ日本のフロンティアと呼ばれているのか。

4.　北海道、本州、四国、九州のうち、一番人口が多いのはどれか。

5.　東京はなぜそんなに混雑しているのだろうか。

6.　東京のいい点はどんなところか。

7. 東京が批判されるのは、どんな点か。

8. 京都のお寺や神社は、なぜ一日では見切れないのだろうか。

9. 奈良は何で有名か。

10. 日本人はなぜ温泉が好きなのだろうか。

1 >>>>> 〜ものですから　　　　　　　　　　　>>>>> [文法ノート1]

○Apologize and give reasons, using 〜ものですから.

[例] A：遅かったですねえ。もういらっしゃらないのかと思っていました。

　　 B：<u>すみません。道が分からなかったものですから。</u>

1) 先　生：いつも宿題を出すのが遅いですねえ。

　　 学　生：＿＿＿＿＿＿＿＿＿＿＿＿＿＿＿＿＿＿＿＿＿＿

2) 先　生：きのうはどうしたんですか。休みだったけど。

　　 学　生：＿＿＿＿＿＿＿＿＿＿＿＿＿＿＿＿＿＿＿＿＿＿

3) 先　生：クラスでいねむり（snooze）なんかしないでください。

　　 学　生：＿＿＿＿＿＿＿＿＿＿＿＿＿＿＿＿＿＿＿＿＿＿

2 >>>>> 〜うちに　　　　　　　　　　　　　>>>>> [文法ノート2]

A○affirmative か negative の適当な方を使って、次の文を完成させなさい。

1) コーヒーは、＿＿＿＿＿＿＿＿＿＿＿うちに飲んだ方がおいしい。

2) A：雨が降りそうですね。

　　 B：そうですねえ。雨が＿＿＿＿＿＿＿＿＿＿うちに早く帰りましょう。

3) 日本語は、＿＿＿＿＿＿＿＿＿＿うちに、だんだん面白くなってきました。

4) A：もう教科書、買ったの？

　　 B：ううん、まだ。

　　 A：じゃ、＿＿＿＿＿＿＿＿＿＿うちに早く買った方がいいよ。

B 次の文を完成させなさい。

1) アメリカにいるうちに＿＿＿＿＿＿＿＿＿＿＿＿＿＿＿＿＿。

2) 忘れないうちに＿＿＿＿＿＿＿＿＿＿＿＿＿＿＿＿＿＿＿。

3) 先生がいらっしゃらないうちに＿＿＿＿＿＿＿＿＿＿＿＿。

3 >>>>> 「気」を使った表現　　　　>>>>> [文法ノート3・6]

● 「気になる」「気をつける」「気がつく」のどれか一つを使って、次の文を完成させなさい。動詞の形を変えなければならないかもしれません。

1) 期末試験が＿＿＿＿＿＿＿＿＿＿て、寝られませんでした。

2) 日本語を話す時は、アクセントに＿＿＿＿＿＿＿＿＿ください。

3) 忘れ物に＿＿＿＿＿＿＿＿＿のは、電車を降りてからでした。

4) 先生に「あなた」と言わないように＿＿＿＿＿＿＿方がいいでしょう。

5) 自分の間違いに＿＿＿＿＿＿＿時は、すぐ直すといい。

4 >>>>> ～ようにV（saying, asking）　>>>>> [文法ノート7]

● 「～ように」を使って、次の質問に indirect quote で答えなさい。

1) あなたは、先生によくどんなことを注意されますか。

2) あなたは、お母さんによく何をするように言われますか。

3) あなたが親だったら、子供にどんなことをするように言いますか。

4) あなたは友達にどんなことをするように頼むのがいやですか。

5 >>>> 　　（Xて、）Yくらいだ　　　　　　　　　>>>>> [文法ノート9]

● 「～くらい」を使って、次の文を完成させなさい。

[例] 疲れて、<u>何も食べたくないくらい</u>です。

1) 先　生：このごろどうですか。

　　学　生：忙しくて、＿＿＿＿＿＿＿＿＿＿＿＿＿＿＿＿です。

2) 日本人：冬は寒いんでしょうねえ。雪がたくさん降るんですか。

　　アメリカ人：ええ、＿＿＿＿＿＿＿＿＿＿＿＿＿＿＿降ることが

　　　　　　　ありますよ。

3) 佐　藤：ホワイトさんは、日本語がペラペラですね。

　　田　中：ええ、敬語の使い方など、日本の若い人より＿＿＿＿＿＿＿

　　　　　　ですね。

4) アメリカ人：日本は何でも高いですね。

　　日本人：ええ、同じ日本製のカメラでも、アメリカで買った方が＿＿＿＿＿

　　　　　　＿＿＿＿＿＿＿＿＿だそうですよ。

5) 石　川：この間の講演 (lecture) は、どうでしたか。

　　佐　藤：面白かったですが、人が大勢来て、＿＿＿＿＿＿＿＿＿＿

　　　　　　でした。

＊　　＊　　＊

●「ジルと暮らした四ヵ月間」を読んで、次の質問に答えなさい。

1. ジルは、どのようにして松本さんの家族とコミュニケーションをしたか。

2. 松本みどりさんは、ジルは異文化圏の人間だと思ったか。なぜか。

3. 18〜19行目の「先手を打って」というのは、何をしたのか。

4. 松本さんは、なぜ「口喧しかったかな」(24行目) と思っているのか。

5. 22行目の「そういう時」というのは、どんな時か。

6. 26行目の「あれで良かった」というのは、何のことか。

7. 松本さんは、ジルに何をさせなければよかったと思っているか。なぜか。

(1)

(2)

8. 松本さんは、ジルに何をさせればよかったと思っているか。なぜか。

1 >>>>>　**〜せいか**　　　　　　　　　　　　　　　　　　　　　>>>>> [文法ノート2]

● 「せいか」を使って、次の文を完成させなさい。

[例] ホワイトさんは、<u>試験ができなかったせいか</u>今日は元気がありません。

1) 佐　藤：ちょっと元気がないみたいだけど、どうかしたの。

　　 山　本：うん、＿＿＿＿＿＿＿＿＿＿＿＿＿＿＿＿＿＿＿おなかが痛いんだ。

2) 小　林：どうかしたの。

　　 山　川：うん、きのうの晩＿＿＿＿＿＿＿＿＿＿＿＿＿＿＿頭が痛くて。

　　 小　林：じゃ、早く帰って寝たら？

3) スミス：小林さん、＿＿＿＿＿＿＿＿＿＿＿＿＿このごろ元気がありませんねえ。

　　 ハリス：ええ、私もちょっと心配していたんですよ。

4) 山　田：小林さんは、＿＿＿＿＿＿＿＿＿＿＿＿＿＿＿少しやせましたねえ。

　　 佐　藤：そうですねえ。ちょっとやせすぎですねえ。

2 >>>>>　**〜ぐらい**　　　　　　　　　　　　　　　　　　　　>>>>> [文法ノート4]

● 「Nぐらい」を使って、次の会話を完成させなさい。

1) A：今度の日曜日、ピクニックに行かない？

　　 B：うん、でも、来週試験があるんで。

　　 A：でも、＿＿＿＿＿＿＿＿＿＿＿＿＿＿＿休んだ方がいいよ。

2) A：ジェイソンはいつもお金がない、ない、と言っているんだ。

　　 B：でも、＿＿＿＿＿＿＿＿＿＿＿＿＿＿＿あるんじゃないか。

3) 花　子：太郎さんは、料理なんか全然できないと思ってた。

　　 太　郎：僕だって＿＿＿＿＿＿＿＿＿＿＿＿＿作れるよ。

4) 子　供：お母さん、これ、洗濯してくれない？

　　 母　　：＿＿＿＿＿＿＿＿＿＿＿＿＿＿＿自分で洗濯しなさいよ。

3 >>>>>　|　**〜に越したことはない**　　　　　　　　　>>>>> [文法ノート5]

⦿「〜に越したことはありません」を使って、次の会話や文を完成させなさい。

1) 学　生：CDは、一週間にどのぐらい聞いた方がいいでしょうか。

　　先　生：＿＿＿＿＿＿＿＿＿＿＿＿＿＿＿＿＿＿＿＿＿＿が。

2) 学　生：最近、毎日五時間しか寝ていないんですが、だいじょうぶでしょうか。

　　医　者：＿＿＿＿＿＿＿＿＿＿＿＿＿＿＿＿＿＿＿＿＿が、

　　　　　　五時間でも仕方ありませんね。

3) ホストファミリーと問題がある時は、＿＿＿＿＿＿＿＿＿＿＿＿＿＿

　　＿＿＿＿＿＿＿＿＿＿＿＿＿＿＿＿＿＿＿＿＿。

4) おなかが痛い時は、＿＿＿＿＿＿＿＿＿＿＿＿＿＿＿＿＿＿。

5) 教科書をいくら勉強しても分からない時は、＿＿＿＿＿＿＿＿＿＿

　　＿＿＿＿＿＿＿＿＿＿＿＿＿＿＿＿＿。

4 >>>>>　|　**〜がち**　　　　　　　　　　　　　　>>>>> [文法ノート7]

⦿「〜がち」を使って、下線の部分を書きかえなさい。

[例] 病気になりやすい人は、無理をしない方がいい。（無理をする＝仕事などをしすぎる）

　　→病気がちの人は、無理をしない方がいい。

1) このごろは雨が降ることがよくある。

　　→

2) よく休む学生には注意をした方がいいだろう。

　　→

3) 若い時は、いくら無理をしてもだいじょうぶだと考える傾向がある。

　　→

4) この時計は、よく遅れる。

　　→

● 「問診」を読んで、次の質問に答えなさい。

1. 「問診」とは何か。

2. 問診をする時、医者はどんなことに気をつかうか。

3. そのために、例えばどんなことをするか。

4. 問診で一番大事な質問はどういう質問か、二つ書きなさい。「です・ます」体を
使って答えなさい。

（1）

（2）

5. あなたが患者だったら、胃が痛む時どう説明するか、三つ書きなさい。
「です・ます」体を使って答えなさい。

(1) _____痛むんです。

(2) _____痛むんです。

(3) _____。

6. 患者は、ふつう医者の質問にすぐ答えられるか。

7. 著者（author）は、何が無茶だと思っているのか。

8. 医者が腹をたてたら、患者はあやまらなければならないだろうか。

1 >>>>> よっぽど　　　　　　　　　　　　　　　　>>>>> [文法ノート2]

⬤相手の言うことに対して、「よっぽど〜んでしょう」を使って答えなさい。

[例] A：あの人は、毎日テレビばかり見ていますよ。

　　 B：<u>よっぽど暇（ひま）なんでしょう。</u>

1)　A：あの人は、よく外国旅行をしますよ。

　　B：＿＿＿＿＿＿＿＿＿＿＿＿＿＿＿＿＿＿＿＿

2)　A：あの人は、「羅生門（ら しょうもん）」という映画を三十回も見たそうですよ。

　　B：＿＿＿＿＿＿＿＿＿＿＿＿＿＿＿＿＿＿＿＿

3)　A：あの人は、子供の欲しいものは何でも買ってやるそうですよ。

　　　（cf. 子供がかわいい）

　　B：＿＿＿＿＿＿＿＿＿＿＿＿＿＿＿＿＿＿＿＿

4)　A：あの子はハンバーガーを一度に五つも食べましたよ。

　　B：＿＿＿＿＿＿＿＿＿＿＿＿＿＿＿＿＿＿＿＿

2 >>>>> 〜に違いない　　　　　　　　　　　　　>>>>> [文法ノート3]

⬤次の絵を見て、例のように文を作りなさい。

[例] A：あの人は何をするのでしょう。

　　 B：パーティーをするに違いありません。ビールをたくさん持っていますから。

1) A：あの女の人はだれでしょうか。

B：＿＿＿＿＿＿＿＿＿＿＿＿＿＿＿＿＿＿＿＿＿＿

　　（Hint: to hold hands＝手をつなぐ）

2) A：あの人は何語の学生でしょうか。

B：＿＿＿＿＿＿＿＿＿＿＿＿＿＿＿＿＿＿＿＿＿＿

3) A：あの人は日本に住んでいたんでしょうか。

B：＿＿＿＿＿＿＿＿＿＿＿＿＿＿＿＿＿＿＿＿＿＿

4) A：あの女の人は結婚しているんでしょうか。

B：＿＿＿＿＿＿＿＿＿＿＿＿＿＿＿＿＿＿＿＿＿＿

　　（Hint: to wear a ring＝指輪をはめる）

3 >>>>> 　さすが (に)　　　　　　　>>>>> [文法ノート4]

● 「さすが(に)」を使って、文を完成させなさい。

[例] スミスさんは、日本に一年間留学していただけあって、さすがに日本語が上手になった。

1) 田中さんは、プロ（professional）だけあって、＿＿＿＿＿＿＿＿＿＿

＿＿＿＿＿＿＿＿＿＿＿＿＿＿＿＿＿＿＿＿＿＿＿＿＿＿＿＿＿＿。

2) 渡辺謙は、映画俳優だけあって、＿＿＿＿＿＿＿＿＿＿＿＿＿＿

＿＿＿＿＿＿＿＿＿＿＿＿＿＿＿＿＿＿＿＿＿＿＿＿＿＿＿＿＿＿。

3) この本は子供の本だけあって、＿＿＿＿＿＿＿＿＿＿＿＿＿＿＿

＿＿＿＿＿＿＿＿＿＿＿＿＿＿＿＿＿＿＿＿＿＿＿＿＿＿＿＿＿＿。

4) L'Etoileは、有名なレストランだけあって、＿＿＿＿＿＿＿＿＿＿

＿＿＿＿＿＿＿＿＿＿＿＿＿＿＿＿＿＿＿＿＿＿＿＿＿＿＿＿＿＿。

4 >>>>>　　～ものの　　　　　　　　　　　　　>>>>> [文法ノート6]

◕次の文を完成させなさい。

1)　ボブは、二年間日本語を勉強したものの、_____

_____。

2)　たばこは体に悪いと分かっているものの、_____

_____。

3)　山本君は、大学を卒業したものの、_____

_____。

4)　ダイエットをしなければいけないと頭では分かっているものの、_____

_____。

5 >>>>>　　一方で（は）～、他方で（は）～　　　　>>>>> [文法ノート7]

◕次の文を完成させなさい。

1)　世界には、一方で食べ物がありすぎる国があるが、他方で_____

_____。

2)　社会は不公平（unfair）だ。一方では、いくら働いても生活が楽にならない人が

いるが、他方では、_____。

3)　一方では家庭を持って仕事をしている女性が多いが、他方では_____

_____。

6 >>>>>　　毎日（晩・週・年）のように　　　　　>>>>> [文法ノート8]

◕次の文を完成させなさい。

1)　A：日本語のクラスでは毎日のように_____。

　　　B：それは大変ですね。

2) A：私の友達は毎日のように_____。

　　 B：それはいいですねえ。

3) A：毎晩のように_____と、勉強ができなく

　　　 なるよ。

　　 B：そうだね。これから少し気をつけるよ。

4) A：毎年のように_____といいですねえ。

　　 B：そうですねえ。

---

7 >>>>> 　 **せいぜい**　　　　　　　　　　　　　　　 >>>>> [文法ノート9]

●「せいぜい」を使って、次の質問に答えなさい。

[例] A：日本料理をよく食べますか。

　　 B：そうですね、一年にせいぜい二、三度ですね。

1) A：よく映画を見に行きますか。

　　 B：_____

2) A：よくレストランで食べますか。

　　 B：_____

3) A：たくさん漢字が書けますか。

　　 B：_____

4) A：一日にどのぐらい漢字が覚えられると思いますか。

　　 B：_____

5) A：よく手紙を書きますか。

　　 B：_____

8 >>>> 　〜ながら　　　　　　　　　　　>>>>> [文法ノート10]

A●「ながら」には、(a) two simultaneous actions の意味と、(b) 'Although S₁'の意味とが
あります。次の文を読んで、(a)か(b)を入れなさい。

1) スミスさんは、学生でありながら高い車に乗っている。　　（　　）

2) スミスさんは、テレビを見ながら勉強をしている。　　（　　）

3) 携帯電話で話しながら運転をしてはいけません。　　（　　）

4) お酒を飲んでいながら運転をしてしまった。　　（　　）

B●次の文を完成しなさい。

1) スミスさんは、＿＿＿＿＿＿＿＿＿＿＿＿＿＿＿＿＿ながら、一度も温泉に

　　行ったことがないそうです。

2) Ａ：大学院の生活はどうですか。

　　Ｂ：＿＿＿＿＿＿＿＿＿＿＿＿＿＿＿＿＿ながら、楽しい生活です。

3) Ａ：あれ、やってくれた？

　　Ｂ：あ、ごめん。やろうと思いながら、＿＿＿＿＿＿＿＿＿＿＿＿＿＿。

9 >>>> 　それにしても　　　　　　　　　　>>>>> [文法ノート12]

●次の文に続く文を下から選んで、記号を入れなさい。

1) あの二人は兄弟ですが、それにしても（　　　　）。

2) タイガー・ウッズはプロゴルファーですが、それにしても（　　　　）。

3) 田中さんはよく遅れてくるけど、それにしても（　　　　）。

4) 期末試験の前は忙しいと思うけど、それにしても（　　　　）。

> a. 上手ですよねえ
> b. 今日はずいぶん遅かったですねえ
> c. 少し休んだ方がいいですよ
> d. よく似ていますねえ

10>>>>> ～限り

>>>>>［文法ノート13］

「～限り」を使って、次の会話を完成させなさい。

1) 学　生：早く日本語が上手になるように、来年日本に留学することにしました。
　先　生：そうですか。アメリカに＿＿＿＿＿＿＿＿＿＿＿＿日本語を話す機会（きかい）はあまりありませんからね。

2) A：じゃ、よろしくお願いいたします。
　B：＿＿＿＿＿＿＿＿＿＿＿＿のお手伝（てつだ）いはしますので、ご安心（あんしん）ください。(please don't worry)

3) A：このローン（loan）は、学校を卒業してから返せばいいんですね。
　B：ええ、＿＿＿＿＿＿＿＿＿＿＿＿返さなくていいんです。

4) 健　一：いつまで日本にいるつもり？
　ジェイソン：お金＿＿＿＿＿＿＿＿＿＿＿＿いるつもりだけど。

5) 学　生：先生、漢字は覚えなくてもいいですか。
　先　生：いや、日本語の学生＿＿＿＿＿＿＿＿＿＿＿＿漢字を覚えないというわけにはいきませんよ。

11>>>>> かえって

>>>>>［文法ノート14］

次の文を完成させなさい。

1) 先生の説明を聞いたら、かえって＿＿＿＿＿＿＿＿＿＿＿＿ました。

2) 薬を飲んだら、かえって＿＿＿＿＿＿＿＿＿＿＿＿ました。

3) ひらがなだけで書いた文は、かえって＿＿＿＿＿＿＿＿＿＿＿＿ことがある。

4) 間違いをしないように注意すると、かえって＿＿＿＿＿＿＿＿＿＿＿＿ことがある。

◯「日本語をどのように始めたか」を読んで、次の質問に答えなさい。

1. キーンさんが日本語の勉強を始めた頃と今とでは、日本語や中国語の学生はどう違うか。

2. キーンさんの学生生活は、どんな生活だったのか。

3. キーンさんは、なぜ日本語を勉強することにしたのか。

4. キーンさんは、何が恥ずかしかったのか。

5. キーンさんが最初に覚えた日本語は何だったか。

6. あなたが最初に覚えた記念すべき日本語は何だったか。

7. キーンさんたちは、なぜ日本の小学校の教科書を勉強したのか。

8. キーンさんは、日本語（の勉強）についてどう思ったか。

9. あなたが日本語を勉強するようになった事情（circumstances）を述べなさい。

1 >>>>> NにはNなりの〜がある　　　　>>>>>[文法ノート2]

⊙例にならって、質問に答えなさい。

[例] A：アメリカと日本とどちらの方がいいですか。

B：<u>アメリカにはアメリカなりのよさがあり</u>、<u>日本には日本なりのよさがある</u>から、
　　どちらの方がいいとも言えません。

1) A：英語と日本語とどちらの方が難しいですか。

B：＿＿＿＿＿＿＿＿＿＿＿＿＿＿＿＿＿＿＿＿＿＿＿＿＿＿＿

2) A：おすしとてんぷらとどちらの方がおいしいですか。

B：＿＿＿＿＿＿＿＿＿＿＿＿＿＿＿＿＿＿＿＿＿＿＿＿＿＿＿

3) A：大きい大学と小さい大学とどちらの方がいいですか。

B：＿＿＿＿＿＿＿＿＿＿＿＿＿＿＿＿＿＿＿＿＿＿＿＿＿＿＿

2 >>>>> 〜くせに　　　　>>>>>[文法ノート3]

⊙「〜くせに」を使って、次の会話を完成させなさい。

1) 学生A：田中さんは＿＿＿＿＿＿＿＿＿＿＿＿＿＿＿日本語を話すのがあまり
　　　　　　好きじゃないみたいですよ。

　　学生B：アメリカに長く住んでいるからでしょう。

2) A：あの人、＿＿＿＿＿＿＿＿＿＿＿＿＿＿＿＿すごい車に乗っているね。

　　B：うん、たぶん家がお金持ちなんでしょう。

3) A：あの人は＿＿＿＿＿＿＿＿＿＿＿＿＿＿＿＿＿、何でも知っているように
　　　　話しますね。

　　B：それは困りますねえ。

---

3 >>>>> 　　**〜という理由で** 　　　　　　　　　　　>>>>> [文法ノート4]

❍「〜という理由で」を使って、次の質問に答えなさい。

[例] A：どんな理由で学校を休む学生が多いですか。

　　　B：風邪をひいたという理由で学校を休む学生が多いです。

1)　A：日本では、どんな理由で会社をやめる女性が多いですか。

　　　B：＿＿＿＿＿＿＿＿＿＿＿＿＿＿＿＿＿＿＿＿＿＿＿＿＿＿

2)　A：あまり好きじゃない人に映画に誘われた時、どんな理由で断りますか。
　　　　（断る＝to decline an offer or an invitation）

　　　B：＿＿＿＿＿＿＿＿＿＿＿＿＿＿＿＿＿＿＿＿＿＿＿＿＿＿

3)　A：どんな理由で日本語を勉強している人が多いですか。

　　　B：＿＿＿＿＿＿＿＿＿＿＿＿＿＿＿＿＿＿＿＿＿＿＿＿＿＿

4)　A：どんな理由でこの大学を選びましたか。

　　　B：＿＿＿＿＿＿＿＿＿＿＿＿＿＿＿＿＿＿＿＿＿＿＿＿＿＿

---

4 >>>>> 　　**XとともにY** 　　　　　　　　　　　>>>>> [文法ノート5]

A ❍例にならって、次の文を言いかえなさい。

[例] 鎌倉の大仏は、日本で最も（＝一番）有名な大仏である。

　　　→鎌倉の大仏は、奈良の大仏とともに日本で最も有名な大仏である。

1)　柔道は、日本に古くからあるスポーツである。

　　　→

2)　日本は、歴史の古い島国である。

　　　→

---

3)　アメリカでは、感謝祭（かんしゃさい）（Thanksgiving Holiday）は家族の集まる祝日（しゅくじつ）である。

　　→

4)　京都は、古い都として有名である。

　　→

B 例にならって、文を作りなさい。

[例] 年を取る → 年を取る<u>とともに、考え方が古くなる</u>。

1)　働く女性が増える

　　→

2)　日本に興味を持つ人が多くなる

　　→

3)　時代が変わる

　　→

4)　金利（きんり）（interest rate）が低くなる

　　→

5 >>>>>　　　**X たびに Y**　　　　　　　　　　　>>>>> [文法ノート7]

次の文を完成させなさい。

[例] <u>日本へ行く</u>たびに<u>友達に会えてうれしい</u>。

1)　＿＿＿＿＿＿＿＿＿たびに＿＿＿＿＿＿＿＿＿＿＿にびっくりする。

2)　＿＿＿＿＿＿＿＿＿たびに＿＿＿＿＿＿＿＿＿＿＿のことを思い出す。

3)　＿＿＿＿＿＿＿＿＿たびに＿＿＿＿＿＿＿＿＿＿＿と思う。

4)　＿＿＿＿＿＿＿＿＿＿＿＿＿勉強していますかと聞かれる。

5)　＿＿＿＿＿＿＿＿＿＿＿＿＿チップを払わなければならないのは、面倒だ。

6 >>>>>　Ｖてくれたらと思います　　　　　>>>>> [文法ノート8]

A ● 例にならって、文を作りなさい。

[例] うちの子供は勉強しません。

→勉強してくれたらと思います。

1) うちの夫は家事を手伝いません。

→

2) もう四月なのに、なかなか暖かくなりません。

→

3) うちの子供は野菜を食べません。

→

4) うちの子供は、大学を卒業したのに、就職をしないで、遊んでいます。

→

B ● あなたは、だれかが何かをしてくれないので、困っていることがありますか。「〜てくれたらと思います」を使って、言ってみなさい。

[例] ルームメイトが掃除をしてくれたらと思います。

1) _____

2) _____

3) _____

● 読み物1の新聞記事を読んで、次の質問に答えなさい。

1. 「働く女性の実情」によると、働く女性は増えているか、減っているか。

2. 働く女性の中で、どんな人が増えているのか。

3. 働く女性の中で、どんな人が減っているか。どうしてか。

4. 25〜44歳の女性が自分で起業したいと考えるのは、なぜだろうか。

5. この記事によると、働く女性の問題は何だろうか。

● 「女の三重苦」を読んで、次の質問に答えなさい。

1. 戦後日本の社会はどう変わったか。

2. 「専業主婦」というのは何か。

3. 「兼業主婦」というのは何か。

4. 著者（author）によると、女性の地位（status）は、本当に進歩したのだろうか。
なぜそう思うのだろうか。

5. 女性の三重苦は、どうすれば解決できるか。

6. この著者は、この記事で、何が一番言いたいのだろうか。

1 >>>>>　　**どっちかと言うと**　　　　　　　　　　>>>>> [文法ノート2]

◯「どっちかと言うと」を使って、次の質問に答えなさい。

1) あなたは、お母さんに似ていますか。お父さんに似ていますか。

2) あなたは、イヌとネコとどっちの方が好きですか。

3) 日本の映画は、ハッピーエンドの映画が多いですか。

4) あなたは自分の意見をはっきり言う方ですか。言わない方ですか。

2 >>>>>　　**〜ような気がする**　　　　　　　　　　>>>>> [文法ノート3]

◯「〜ような気がする／します」を使って、次の会話を完成させなさい。

1) 先　生：今度の試験はどうでしたか。

　　学　生：あまり＿＿＿＿＿＿＿＿＿＿＿＿＿＿＿＿＿＿＿＿＿＿＿＿＿。

2) 先　生：日本語はどうですか。

　　学　生：前より＿＿＿＿＿＿＿＿＿＿＿＿＿＿＿＿＿＿＿＿＿＿＿＿。

3) A：あの人、だれ。

　　B：うん、前に＿＿＿＿＿＿＿＿＿＿＿＿＿＿＿＿けど、よく覚えていない。

4) A：日本へ来てからまだ一週間だね。

　　B：うん、でも、いろいろなことがあったから、もう＿＿＿＿＿＿＿＿＿

　　＿＿＿＿＿＿＿＿＿＿＿＿＿＿＿＿＿＿＿。

3 >>>>> ～と同様　　>>>>> [文法ノート5]

● 次の文を完成させなさい。

1) 最近は、アメリカ人も日本人と同様、＿＿＿＿＿＿＿＿＿＿＿＿＿＿＿＿＿＿＿＿＿。

2) 最近は、女性も男性と同様、＿＿＿＿＿＿＿＿＿＿＿＿＿＿＿＿＿＿＿＿＿＿＿。

3) 日本語にも中国語と同様、＿＿＿＿＿＿＿＿＿＿＿＿＿＿＿＿＿＿＿＿＿＿＿＿。

4 >>>>> 単に～ではない　　>>>>> [文法ノート6]

● 次の文を完成させなさい。

[例] 私が仕事をやめたのは、単に<u>仕事がつまらない</u>からではない。

1) 私が日本へ行きたいのは、単に＿＿＿＿＿＿＿＿＿＿＿＿＿＿＿ためではない。

2) あのコンピューターがよく売れているのは、単に＿＿＿＿＿＿＿＿＿＿から

　　ではない。使いやすいという理由もある。

3) 日本語を習うのに時間がかかるのは、単に＿＿＿＿＿＿＿＿＿＿からではない。

5 >>>>> ～だらけ　　>>>>> [文法ノート7]

●「～だらけ」を使って、文を書きかえなさい。

1) あの人の英語は、間違いが大変多い。

　　→

2) 富士山(ふじさん)の頂上(ちょうじょう) (peak) は、ごみがとても多いそうだ。

　　→

3) 彼は、泥(どろ) (mud) がたくさんついている靴(くつ)をはいている。

　　→

6 >>>>> Vstemづらい

>>>>> [文法ノート10]

○次の質問に答えなさい。

1) 人に話しづらいことは、どんなことでしょうか。

2) 自分の言葉に訳しづらい日本語は何でしょうか。

3) 教科書の中の読み物を読んでいて、分かりづらい文があったら、どうしますか。

4) 友達に頼みづらいことは何でしょうか。

＊　　＊　　＊

○「Coolな日本」を読んで、次の質問に答えなさい。

1. あなたは、日本文化は「cool」だと思うか。なぜそう思うか。

2. 「カワイイ」と「cute」は、同じように使われているだろうか。なぜそう思うか。

3. 「ソフトパワー」というのは、どういうことか。簡単に説明しなさい。

4. アメリカの「ソフトパワー」とは、どんなものか。

5. 日本の「ソフトパワー」とは、どんなものか。

6. 著者は、日本人は何を認識するべきだと言っているのか。

● 「『きまり』だらけの日本、『きまり』のないタイ」を読んで、次の質問に答えなさい。

1. 著者はなぜ、日本は「きまりだらけ」だと思ったのか。

2. この日本の図書館では、図書館の人たちは、なぜ毛布を掛けていたのか。

3. 「きまりですから」をタイ語に訳すことができるか。なぜか。

4. 著者は、タイと「きまり」について、どんな考えを持っているか。

5. あなたの国では、「きまり」を守ることが大切か、大切ではないか。例を挙げて
説明しなさい。

6. 「きまり」が多い社会と「きまり」がない社会と、どちらの方がいいと思うか。
自分の意見を書きなさい。

漢字シート

君	院	多	留	前	教	願	申	礼	失	石	初
クン きみ	イン	おお(い)	リュウ	まえ	おし(える)	ねが(う)	もう(す)	レイ	シツ	いし	はじ(めて)

例:
- 初 → 初めて
- 石 → 石山
- 失 → 失礼
- 礼 → 失礼
- 申 → 申す
- 願 → お願い
- 教 → 教える
- 前 → 一年前
- 留 → 留学
- 多 → 多い
- 院 → 大学院生
- 君 → ブラウン君　君も

性	化	文	実	度	手	部	攻	専	工	気	電
セイ	カ	ブン	ジツ	ド	ズ△	ブ	コウ	セン	コウ	キ	デン
性	化	文	実	度	手	部	攻	専	工	気	電
女性	文化		実は	今度	上手	学部	専攻		工学	電気 気に入る	電話

帰	取	私	仕	事	泊	所	家	記	成	町	着
かえ（る）	と（る）	わたし わたくし	シ	こと ～ごと*	と（まる）	ところ	カ いえ	キ	な（る） なり△	まち	つ（く）
リ 厂 厄 炉 炉 炉 帰 帰 帰	一 厂 厂 厅 耳 取 取	ノ 二 千 禾 禾 私 私	ノ イ 仁 什 仕	一 一 二 亘 写 写 事	、 氵 汀 汨 泊 泊	一 ラ 戸 戸 所 所	、 宀 宁 宇 宇 家 家 家	、 二 言 言 言 記 記	ノ 厂 厅 成 成 成	一 ロ 田 田 田 町	、 ヾ 丷 并 羊 羊 羊 着 着 着
帰	取	私	仕	事	泊	所	家	記	成	町	着
帰る	取る	私		仕事	泊まる	所	家　家族	日記	成田	町	着く

		考	法	美	方	去	曜	歩	近	自	同
		かんが（える）	ホウ ～ポウ*	うつく（しい）	かた	キョ	ヨウ	ある（く）	ちか（い）	ジ	おな（じ）
		一十土耂考考	丶氵氵汁汢法法	丶丷ヾ半羊羊美美	丶亠方方	一十土去去	曰曰冒冒晻晻晻曜曜	丶ト止止歩歩歩	丿斤斤斤近近	丶丿白自自	一冂冂同同同
		考	法	美	方	去	曜	歩	近	自	同
		考え方　考える	文法	美しい	仕方	去年	月曜日	歩く	近い	自分　自己	同じ

例	朝	午	後	変	意	味	目	覚	計	眠	声
レイ	あさ	ゴ	ゴ / あと	ヘン	イ	ミ	め	さ(ます) ~ざ(ま*し) / おぼ(える)	ケイ	ねむ(い)	こえ

例	朝		午後　後で	変な　大変	意味			目覚まし　覚える	時計	眠い	声

109

困	米	号	番	僕	代	吉	急	雨	外	難	半
こま（る）	ベイ	ゴウ	バン	ボク	ダイ か（わり）	よし	いそ（ぐ）	あめ	そと	むずか（しい）	ハン
困（書き順）	米（書き順）	号（書き順）	番（書き順）	僕（書き順）	代（書き順）	吉（書き順）	急（書き順）	雨（書き順）	外（書き順）	難（書き順）	半（書き順）
困	米	号	番	僕	代	吉	急	雨	外	難	半
困る	日米	番号		僕	時代　代わり	吉田	急ぐ	大雨	外	難しい	二時半

客	用	句	決	数	族	対	明	説	訳	相	当
キャク	ヨウ	ク	き(まる)	スウ	ゾク	タイ	メイ	セツ	ヤク	あい	トウ あ(たる)
客	用	句	決	数	族	対	明	説	訳	相	当
客	用語	決まり文句	決まる	数日前	家族	対して	説明		訳す	相手	当たる 適当

									育	供
									イク そだ（つ）	とも ～ども*
									丶 ㇗ 亠 亠 亠 育 育 育	ノ 亻 亻 仁 什 供 供 供
									育	供
									教育 — 育つ	子供 —

利	主	悪	痛	屋	送	切	込	受	枚	忘	頼
リ	おも（な）	わる（い）	いた（い）	や	おく（る）	き（る）　きっ～*	こ（む）	う（ける）	マイ	わす（れる）	たの（む）
ノ 二 千 千 禾 利	、 二 十 主	悪悪 一 十 一 甲 西 亜 亜 悪	痛痛痛 、 广 广 疒 疒 疒 疒 病	一 コ ヨ 尸 尸 屋 屋 屋	、 ソ ニ 兰 关 关 送 送	一 七 切 切	ノ 入 辺 込 込	一 ベ ぐ ぐ 严 严 受 受	一 十 才 木 朴 枚 枚	、 二 亡 亡 忘 忘 忘	頼頼頼頼頼頼 一 日 日 申 束 束 束 束 束
利	主	悪	痛	屋	送	切	込	受	枚	忘	頼
利用	主な	悪い	痛い	部屋	送る	切手　締め切り	申し込む	受ける	三枚	忘れる	頼む

楽	音	必	国	終	全	助	以	的	違	払	便
ガク	オン	かなら（ず）	コク	お（わる）	ゼン	たす（ける）	イ	テキ	ちが（う）	はら（う）	ベン
楽	音	必	国	終	全	助	以	的	違	払	便
音楽		必ず	帰国　国際	終わる	全部	助ける	以外	目的	違う	払う	便利

									特	者	達
									トク	シャ もの	タチ 〜ダチ *
									ﾉ ﾆ 牛 牛 牜 牜 牜 特 特	一 十 土 耂 耂 者 者	一 十 土 龶 龶 壵 幸 幸 達 達 達 達
									特	者	達
									特に	者　希望者	友達

冬	湖	有	口	州	似	妹	兄	別	史	真	写
ふゆ	みずうみ	ユウ	コウ	シュウ	に（る）	いもうと	にい あに	ベッ ベッ～ わか（れる）*	シ	シン	シャ
ノ ク 冬 冬 冬	湖 湖 湖 氵 氵 汁 汁 沽 沽 湖	ノ ナ 冇 有 有	` 口 口	` リ 少 州 州 州	ノ イ 仏 似 似	く タ 女 妌 妹 妹	` 口 尸 兄	` 口 另 別 別	` 口 中 史	一 十 古 市 肖 直 真 真	` 一 写 写 写
冬	湖	有	口	州	似	妹	兄	別	史	真	写
冬	湖	有名な	人口	ウィスコンシン州　州都	似る	妹	お兄さん　兄	別に　別れる　別科	アメリカ史　歴史	写真	

春	秋	駅	遠	転	借	連	夕	久	末	夏	暑
はる	あき	エキ	とお(い)	テン	か(りる)	つ(れる)	ユウ	ひさ(しい)	マツ / すえ	なつ	あつ(い)
一二三夫夫表春春	ノ二千千禾禾私秋秋	馬駅駅	袁袁遠遠	転転	ノイ仁仁伫件件借借	一厂盲車車連連連	ノクタ	ノク久	一二丰末末	一百百百夏夏	暑暑暑
春	秋	駅	遠	転	借	連	夕	久	末	夏	暑
春	秋	駅　駅前	遠い	自転車	借りる	連れる	夕食	久しぶり	十月の末　期末試験	夏	暑い

字	漢	新	仏	体	乗	立	役	活	期	速	長
ジ	カン	シン	ブッ ブッ*～	タイ からだ	の（る）	た（つ）	ヤク	カツ	キ	はや（い）	なが（い）
字	漢	新	仏	体	乗	立	役	活	期	速	長
漢字		新聞記事	仏教	体 体重	乗る	役に立つ	役	生活	今学期	速い	長い

									晩	回
									バン	カイ
									晩晩晩丨刂丨刂日日日日日日日	丨冂冂冋回回
									晩	回
									今晩	一回

119

宿	習	予	績	移	究	研	室	伺	科	問	質
シュク	シュウ／なら(う)	ヨ	セキ	うつ(る)	キュウ	ケン	シツ	うかが(う)	カ	モン	シツ
宿	習	予	績	移	究	研	室	伺	科	問	質
	予習　習う		成績	移る	研究室		一号室　同室	伺う	留学生別科	質問	

120

由	理	次	業	卒	徒	験	試	島	員	現	題
ユウ	リ	つぎ	ギョウ	ソツ	ト	ケン	シ	トウ／しま	イン	ゲン	ダイ
理由		次の年	卒業		生徒	試験		島　無人島	部員　事務員	現代史	宿題　問題

				付	第	要	重	点	般	強
				つ（く）～づけ	ダイ	ヨウ	ジュウ	テン	ハン ～パン*	キョウ つよ（い）
				ノ イ 仁 付	第 第	一 一 一 一 西 西 要 要 要	一 二 千 千 言 言 重 重 重	ト ト ト 占 占 点 点	ノ ノ 力 力 角 舟 舩 舩 般	強 強
				付	第	要	重	点	般	強
				付き合い 日付	第一	重要な	体重	いい点	一般的に	強い 勉強

122

茶	様	井	昼	面	鳥	物	親	飯	店	勤	注
チャ	ヨウ さま	い	チュウ	メン おも	とり	ブツ もの	シン おや	ハン	テン みせ	つと(める)	チュウ
一十サ艹艹苐苶茶茶	样样样样様様 一十木术术柈样様	一二ナ井	コヨア尸尽尽昼昼昼	一ア丙而而面面	鳥鳥 ノ广户户自鳥鳥鳥	ノ十牛牛物物物	新新新新新親親 一立立产辛辛辛亲	飯飯飯 ノ人ケケ今今食食飠	一广广庁庁店店	堇勤勤 一十廿廿艹艹苩草草堇	一シシジジ汁注注
茶	様	井	昼	面	鳥	物	親	飯	店	勤	注
お茶	お二人様　様子	今井	昼食	面白い　面接	鳥	実物　飲み物	親子　両親	ご飯	お店　店員	勤める	注文

館	止	呼	渡	港	空	感	旅	慣	限	売	席
カン	と（める）	よ（ぶ）	わた（す）	コウ	クウ	カン	リョ	カン な（れる）	かぎ（る）	う（る）	セキ

漢字の書き順（筆順）

館	止	呼	渡	港	空	感	旅	慣	限	売	席
ノ 食 食 食 食 食 館 館 館 館 館	一 ト 止 止	丶 口 口 口 口 呼 呼	丶 氵 氵 浐 浐 涉 涉 渡 渡	丶 氵 氵 汢 洪 洪 洪 洪 港 港	丶 宀 宀 空 空 空 空	一 厂 厂 厂 咸 咸 咸 感 感 感	丶 亠 亍 方 扩 扩 旅 旅 旅	丶 忄 忄 忄 忄 忄 憎 憎 慣 慣 慣	丶 阝 阝 阝 阝 限 限 限	一 十 士 声 声 売	丶 一 广 广 广 庐 庐 庐 席 席

館	止	呼	渡	港	空	感	旅	慣	限	売	席
旅館	呼び止める	呼ぶ	渡す	空港		感じる	旅行	習慣　慣れる	限る	売る	席

料	級	心	配	比	価
リョウ	キュウ	シン	ハイ ～パイ *	くら（べる）	カ
、 ソ ニ 半 米 米 米 料 料	く 幺 幺 糸 糸 糸 紀 級 級	、 心 心 心	一 丆 丙 襾 酉 酉 酉 配 配	一 上 比 比	ノ イ 仁 仁 価 価 価
料	級	心	配	比	価
料理屋　宿泊料	高級	心配		比べる	物価

125

侍	画	映	央	昔	若	欲	組	品	課	祝	林
さむらい	ガ	エイ	オウ	むかし	わか（い）	ほ（しい）	く（む）	ヒン	カ	いわ（う）	はやし ～*ばやし
ノイ仁仁仁作作侍侍	一丆丏而而面面画画	丨日日日日映映映	丶口口央央	一十卅芇芇昔昔	一十卅艻艻若若	欲欲	組組	丨口口口品品品品品	訷訷訶訶課課課	丶ラネネ祀祀祝祝	一十才才木村材材林
侍	画	映	央	昔	若	欲	組	品	課	祝	林
七人の侍	映画　映画館		中央	昔	若い	欲しい	組み立てる	部品	課長	お祝い	小林

争	洋	平	太	負	戦	集	訪	他	始	盛	並
ソウ	ヨウ	ヘイ	タイ	ま(ける)	セン／たたか(う)	あつ(める)／あつ(まる)	ホウ	タ	はじ(める)／はじ(まる)	さかん	なら(ぶ)／なみ

筆順

争	洋	平	太	負	戦	集	訪	他	始	盛	並
ノ ク ⺈ 刍 刍 争	丶 冫 氵 氵 泮 洋 洋 洋	一 ⺁ 亏 平 平	一 ナ 大 太	ノ ク ⺈ 角 角 角 負 負	単 戦 戦 戦	隹 集 集	訪 訪	ノ イ 仁 他 他	く 女 女 如 如 始 始	盛 盛	丶 ソ ⺊ 屮 屮 並 並 並

争	洋	平	太	負	戦	集	訪	他	始	盛	並
戦争	太平洋			負ける	戦う	集める　集まる	訪問	その他	始める　始まる	盛ん	並ぶ　並

身	最	統	伝	関	欧	放	県	増	死
シン	サイ	トウ	デン つた(える)	カン	オウ	ホウ	ケン	ふ(える)	シ

筆順
- 身：ノ 亻 丬 甪 自 身 身
- 最：最 最 最
- 統：統 統 統 統 統
- 伝：ノ イ 仁 伝 伝
- 関：門 門 門 関 関 門 門 門 門 門 関
- 欧：一 フ 又 区 区 欧 欧
- 放：放 放 放 放 放
- 県：県 県 県 県
- 増：増 増 増 増 増
- 死：一 厂 歹 歹 死

なぞり：身 最 統 伝 関 欧 放 県 増 死

身	最	統	伝	関	欧	放	県	増	死
出身	最近	伝統的な	宣伝　伝える	関心	欧米	放映	県	増える	戦死

128

探	師	係	任	南	西	経	然	個	足	技	動
さが(す)	シ	かかり *〜がかり	ニン	ナン	セイ	ケイ	ゼン	コ	た(りる)	ギ	ドウ

筆順

探	師	係	任	南	西	経	然	個	足	技	動

探	教師	係の者　留学生係	主任	南西	経験	全然	個人	足りる	特技	感動
探す										

病	返	不	通	彼	定	道	向	幸	海	迎	許
ビョウ	かえ(す)	フ	ツウ	かれ	テイ	ドウ みち	コウ む(かう)	さいわ(い)	カイ	ゲイ むか(える)	キョ ゆる(す)
丶 亠 广 广 疒 疒 疔 疔 病 病	一 厂 万 反 反 返 返	一 ア 不 不	フ マ 乃 月 月 甬 甬 涌 通 通	ノ 彳 彳 彳 彴 彼 彼 彼	丶 丷 宀 宀 宁 宇 定 定	丶 丷 䒑 䒑 产 首 首 首 首 道 道 道	ノ 丨 门 向 向 向	一 十 土 土 圭 圭 圭 幸	丶 丶 氵 氵 汇 汇 海 海 海	ノ 𠂉 卬 卬 卬 迎 迎	丶 二 三 言 言 言 言 訁 許 許 許
病	返	不	通	彼	定	道	向	幸	海	迎	許
病死 病気	返す	不便	通訳 普通	彼	決定	北海道	向かう 傾向	幸い	近海	迎える 歓迎会	許す 許可

								戸	江	才
								と ～ど*	え	サイ
								一 ラ 戸	、氵氵汀江	一 ナ 才
								戸	江	才
								江戸		天才

玉	正	届	世	都	婚	結	喜	赤	色	開	荷
たま ~だま*	ショウ	とど（ける）	セ	ト	コン	ケツ ケッ~*	よろこ（ぶ）	あか	いろ	カイ あ（ける） あ（く）	に
一 丁 干 王 玉	一 丁 下 正 正	「 ニ 尸 尸 尸 居 届	一 十 廿 世	都 都 一 十 土 耂 者 者 者	婚 婚 く り 女 如 妒 娇 婚 婚	結 結 結 く 纟 纟 纟 糸 紅 結 結	喜 喜 喜 一 十 土 吉 吉 吉 吉 直	一 十 土 ナ 赤 赤	ノ ク タ 名 色 色	開開 開開 門 門 門 門 門 門 門	一 十 廾 艹 芢 芢 荷 荷 荷
玉	正	届	世	都	婚	結	喜	赤	色	開	荷
お年玉	お正月	届ける	世話	京都 州都	結婚	結局	喜ぶ	赤い 赤	色	開ける　開く 開国	荷物

					司	恋	招	婦	郎	地
					シ	こい	ショウ	フ ~プ*	ロウ	チ
					丁丨コ司司司	、亠ナ方亦亦亦'恋恋恋	一丨扌扎打招招	婦婦く女女女妒妒妒婦婦	、亠う自良良郎郎	一十土坧地地
					司	恋	招	婦	郎	地
					上司	恋人	招待	新婦　主婦	新郎	土地

133

和	調	張	札	券	座	発	紙	机	窓	符	約
ワ	チョウ しら(べる)	チョウ	サツ	ケン	ザ すわ(る)	ハツ ハッ〜*	シ かみ 〜がみ*	つくえ	まど	フ 〜プ*	ヤク
ノ 二 千 禾 禾 和 和 和	丶 亠 亡 言 言 言 言 訂 訂 訶 訶 調 調 調 調	¬ コ 弓 弖 弡 弫 弫 張 張 張 張	一 十 才 木 札	丶 丷 丷 兰 关 券 券 券	丶 亠 广 广 庂 座 座 座 座 座	フ ヌ ヌ 癶 癶 癶 癹 癹 発	𠃋 幺 幺 糸 糸 糸 糹 紅 紙 紙	一 十 才 木 机 机	丶 宀 宀 穴 穴 空 空 窓 窓 窓 窓	ノ 𠂉 ⺮ ⺮ ⺮ ⺮ 竹 竹 竹 符 符	𠃋 幺 幺 糸 糸 糸 約 約 約
和	調	張	札	券	座	発	紙	机	窓	符	約
和室	調べる 調子	出張	一万円札	乗車券	座席 座る	名古屋発 発表	用紙 手紙 紙	机	窓口	切符	予約

村	馬	牛	残	建	走	鉄	市	遊	洗	疲	民
むら	うま	うし	ザン のこ（る）	た（てる） たて	はし（る）	テツ	シ	あそ（ぶ）	あら（う）	つか（れる）	ミン
一十才木村村	丨厂厂厅厅馬馬馬馬馬	ノ仁牛	一フ歹歹歹残残残	フヨヨ聿聿津建建	一十土キ丰走走	釒釒釒鉄	一亠广市市	游游遊	氵氵氵氵沪洗	一亠广广疒疒疒疲疲	一コア民民
村	馬	牛	残	建	走	鉄	市	遊	洗	疲	民
アイヌの村｜	馬｜	牛｜	残る｜　残念｜	建物｜	走る｜	鉄道｜	都市｜	遊ぶ｜	洗う｜	疲れる｜	民宿｜

135

各	神	寺	絶	夜	商	済	治	政	界
カク	ジン コウ△	てら	た(えず)	ヤ よる	ショウ	サイ ～ザイ* す(む)	ジ	セイ	カイ

筆順・書き取り

各	神	寺	絶	夜	商	済	治	政	界
ノ ク 夂 冬 各 各	、ラ ネ ネ 神 神 神 神	一 十 土 寺 寺	絶 絶 絶 く ＜ 幺 糸 糸 糸 糸 糹 絅	、一 广 广 夜 夜 夜	商 商 、一 ＋ 立 产 产 内 内 商	済 済 、シ 氵 氵 泸 泸 涓 済 済	、シ 氵 氵 沪 治 治	一 丁 干 下 正 正 政 政	、口 田 田 甲 界 界 界

各	神	寺	絶	夜	商	済	治	政	界

各地	神社 神戸	お寺	絶えず	夜 徹夜	商業	経済 済む	政治		世界

打	常	単	求	葉	弟	短	降	独	娘	両	遅
う（つ）	ジョウ / つね（に）	タン	キュウ / もと（める）	ヨウ* / は ～ば	おとうと	みじか（い）	お（りる）/ ふ（る）	ドク	むすめ	リョウ	おそ（い）/ おく（れる）

打	常	単	求	葉	弟	短	降	独	娘	両	遅

| 打つ | 常に　非常に | 単語　単位 | 求める　請求書 | 言葉　紅葉 | 弟 | 短い | 電車を降りる　雨が降る | 独立 | 娘 | 両親 | 遅い　遅れる |

			流	涙	精	汁	果	敗	甘	与	余
			リュウ なが（す）なが（れる）	なみだ	セイ	しる	カ くだ	ハイ 〜パイ	あま（い）	あた（える）	あま（る）
			流（筆順）	涙（筆順）	精（筆順）	汁（筆順）	果（筆順）	敗（筆順）	甘（筆順）	与（筆順）	余（筆順）
			流	涙	精	汁	果	敗	甘	与	余
			流す　一流　流れ着く	涙	精神	みそ汁	結果　果物	失敗	甘い	与える	余る

138

状	顔	医	図	熱	寒	薬	起	運	功	具	症
ジョウ	かお ~がお*	イ	ズ ト	ネツ ネッ~*	さむ（い）	くすり	お（きる）	ウン はこ（ぶ）	コウ	グ	ショウ
病状	顔色 笑顔	医者	地図 図書館	熱 熱心	寒気	薬	起きる	運がいい 運ぶ 運転手	成功	具合	症状

						無	腹	浴	苦	胃	在
						ム	はら	あ(びせる)	くる(しい)	イ	ザイ
						無無無無無無無	月月月月月月月月月月月月	浴浴浴浴浴浴浴浴浴浴	一十廿廿苦苦苦苦	一口田田胃胃胃胃胃	一ナ右右在在
						無	腹	浴	苦	胃	在
						無茶　無人島	腹をたてる	浴びせる　浴衣	重っ苦しい	胃	現在

詩	板	黒	式	練	敬	直	反	笑	僚	介	紹
シ	バン	コク くろ	シキ	レン	ケイ	なお（す）	ハン	わら（う） え（む）	リョウ	カイ	ショウ
丶 亠 亠 亖 言 言 言 訁 訁 詁 詁 詩 詩	一 十 オ 木 朾 朸 杤 板	丨 冂 冂 日 甲 甲 里 里 黒 黒 黒	一 二 三 工 式 式	幺 幺 幺 糸 糸 糸 紅 紅 絅 絅 絅 紳 練 練	一 十 艹 艹 芍 芍 苟 苟 苟 敬 敬 敬	一 十 广 冇 冇 直 直 直	一 厂 反 反	丿 ⺈ ⺮ 竹 竹 竺 笑 笑	丿 亻 仁 仆 伏 伏 伏 伏 伙 僚 僚 僚 僚 僚	丿 𠆢 介 介	幺 幺 幺 糸 糸 糸 紀 紀 紹 紹 紹
詩	板	黒	式	練	敬	直	反	笑	僚	介	紹
詩	黒板 掲示板	黒沢	正式に	練習	敬語	直す	反対	笑う 笑顔	同僚	紹介	

戻	興	解	倍	珍	念	恥	情	励	片	応	誘
もど（る）	キョウ	カイ	バイ	めずら（しい）	ネン	は（ずかしい）	ジョウ	はげ（ます）	かた	オウ	ユウ / さそ（う）
一 ニ ヨ 戸 戸 戸 戻	佃 佃 佃 佃 佃 佃 佃 興 興	解 解 解 解 解 角 角 角 解 解	ノ イ イ 仁 仁 位 位 倍 倍	一 T 王 王 珍 珍 珍	ノ 人 人 今 今 念 念	一 T F F 耳 耳 耳 耻 耻 恥	情 情 忄 忄 忄 忄 忄 忄 情 情	一 厂 厂 厉 厉 励 励	ノ 丿 卩 片	一 广 广 応 応 応	誘 誘 誘 誘 誘 誘 言 言 言 言 言
戻	興	解	倍	珍	念	恥	情	励	片	応	誘
戻る	興味	難解さ	何倍も	珍しい	記念	恥ずかしい	感情　事情	励ます	片言	応じる	誘う　勧誘

142

続	企	雇	順	類	力	格	歴	収	想	夫	妻
ゾク つづ(ける)	キ	やと(う)	ジュン	ルイ	リョク リキ	カク	レキ	シュウ	ソウ	フ フウ	つま
く 幺 幺 幺 糸 糸 糸 糸 結 結 結 続 続 続 続	ノ 入 个 个 企 企	一 戸 戸 戸 戸 屛 屛 屛 雇 雇	川 川 川 川 川 順 順 順 順 順 順	米 米 米 米 米 米 類 類 類 類 類 類 類	フ カ	一 十 オ オ オ オ 杉 杉 格 格 格	一 厂 厂 厂 厂 厂 厂 麻 麻 麻 歴 歴 歴 歴	丨 丩 収 収	一 オ 木 木 相 相 相 想 想 想 想 想	一 二 チ 夫	一 ⼀ ⼹ ⼹ 丰 妻 妻 妻
続	企	雇	順	類	力	格	歴	収	想	夫	妻
続ける 連続	企画	雇う	順番 手順	書類	入力 力士	性格	学歴 歴史	収入	理想 感想	夫婦	妻

共	産	際	減	児	低	未	昇	労	既	加	働
とも	サン う（む）	サイ	ゲン へ（る）	ジ	テイ	ミ	ショウ	ロウ	キ	カ	ドウ はたら（く）
一 十 サ サ 共 共	産 産 、 亠 ナ 立 产 产 产 産	際 際 、 了 阝 阝 阝 阝 阝 际 際 際	減 減 減 、 氵 氵 汀 汀 沥 減	丨 丨 旧 旧 児 児	ノ イ イ 仁 仟 低 低	一 二 キ 才 未	、 口 曰 尸 尽 昇 昇	、 丷 丷 兴 学 労	コ ヨ ヨ 艮 良 即 即 既 既	フ カ カ 加 加	ノ イ イ 仟 佰 佰 俥 働 働
共	産	際	減	児	低	未	昇	労	既	加	働
共ばたらき	産む　晩産化　産物	実際に　国際	減る　11万人減	育児	低下	未婚者	上昇	労働力　苦労	既婚者	増加　参加	働く　労働力

							損	否	公	努
							ソン	ヒ	コウ	ド
							損損損損 一十才才扩护护护捐捐	一アオ不不否否	ノ八公公	く夕女如奴努努
							損	否	公	努
							損をする	否定	不公平	努力

引	辞	耳	飛	製	替	象	印	術	極	積	協
イン ひ（く）	ジ	みみ	ヒ と（ぶ）	セイ	か（える） *〜が（える）	ショウ	イン	ジュツ	キョク きわ（めて）	セキ セッ*〜 つ（む） 〜*づ（み）	キョウ
引	辞	耳	飛	製	替	象	印	術	極	積	協
引く 引用	辞書	耳	飛びつく 飛行機	製品 日本製	入れ替える 着替える		印象 対象	技術 芸術	下積み	積極的に 極めて	協力 妥協

築	論	原	著	値	場	登	広	幅	断	判	風
チク	ロン	ゲン	チョ	チ	ジョウ ば	トウ	ひろ（い）	はば	ダン	ハン	フウ フ
（筆順）	（筆順）	（筆順）	（筆順）	（筆順）	（筆順）	（筆順）	（筆順）	（筆順）	（筆順）	（筆順）	（筆順）
築	論	原	著	値	場	登	広	幅	断	判	風
建築家	理論	原題	著者	価値	登場　場合　場所　出場		幅広い	幅	判断	批判	こんな風に　風呂

能	可	満	消	冷	房	暖	信	確	識	首	形
ノウ	カ	マン	け(す)	レイ	ボウ	ダン あたた(かい)	シン	カク たし(か)	シキ	シュ	ケイ
可能	許可	不満	消す	冷房 冷酷な	暖房	暖かい	確信	確かに	常識 知識	首都	変形 形容

										展	材
										テン	ザイ
										一 二 尸 尸 尸 屏 屏 屏 屏 展	一 十 才 木 村 材
										展	材
										発展	材料 人材